JN220927

今すぐできる！今すぐ変わる！

# 「ほめ育」マネジメント

原 邦雄
Kunio Hara

PHP

**今すぐ、スタッフをほめるのを止めてください。**

あなたの〝ほめ方〟では、スタッフのやる気も、業績も上がりません。

代わりに、この本に書いてある〝ほめ方〟を実践してみてください。

今すぐ変わります。

38000人以上の現場スタッフから聞いた

**「この〝ほめ方〟なら上司についていく」**

本書は、それをまとめた本です。

# はじめに

## 「どうしたら、もっと業績を上げることができるのか?」

あなたはこんなことで悩んでいませんか?

経営者やリーダーにとって、業績アップは片時も頭から離れることのない最重要課題といってもいいでしょう。

私自身も以前はラーメン店の店長として、なかなか業績が上がらない現実に、常に頭を痛めてきました。今はコンサルタント会社の経営者として、業績のことを考えない日はありません。

ですので、あなたの気持ちはわかるつもりです。

はじめまして。私は、スタッフをほめることで業績アップを実現する専門家、ほめ育コンサルタントで、一般財団法人 ほめ育財団 代表理事の原邦雄と申します。

このような自己紹介をすると、いつも怪訝《けげん》な顔をされてしまうのですが、もしかするとあなたもこう思ったのではないでしょうか？

「スタッフをほめることで業績がアップするだと～？」
「そんなことで業績がアップするなら、誰も苦労はしないよ！」

そう思われてしまうのも無理はありません。
実際、スタッフを普通にほめても、業績は上がりませんので。
スタッフのテンションが一時的に上がることはあっても、業績が上がることはまずありません。

しかし、**本書で紹介する独特な「ほめ方」を実践すれば、ほぼ間違いなく業績をアップ**

**させることができます。**

これは断言できます。

なぜなら、**私の提唱する独特な「ほめ方」を実践した企業のほとんどが、業績アップに成功しているからです（その事例は本書の中で紹介しています）。**

ただし、これらの企業も最初はあなたと同じように、私の言うことを疑っていました。

「ほめるだけで業績が上がるなんて、ありえない！」と。

しかし、ほかに業績アップの有効な手段を持たない企業は、半信半疑ながら、藁《わら》にもすがる思いで実践してみることにしたのです。

だから、最初は1店舗だけ、1つの部署だけで試してみるという企業がほとんどでした。

ところが、実際にやってみると業績が上がったため、全店舗に導入、全社的に導入する企業が続出したのです。

では、なぜ業績が上がるのか？
独特な「ほめ方」とは、いったいどういうものなのか？
詳しくは本書の中でお話ししますが、業績アップのメカニズムを簡単に説明すると、

**「業績アップにつながる行動をしたスタッフをほめる」**
**↓「業績アップにつながる行動をするスタッフが増える」**
**↓「業績がアップする」**

「えっ、たったのこれだけ？」と思った方。
はい、これだけです。
すごく単純なことなのですが、効果は絶大なのです。
本書では、これに加えて、スタッフの長所を伸ばしてお金に換える方法についても言及

しています。

「稼げるスタッフ」が増えれば、さらに売上を伸ばすことができるようになるからです。

これまでスタッフの人件費は、コストと考えられていました。

しかし、これからは「スタッフは資源である」という考え方でマネジメントを行っていかなければ、企業は立ちいかない時代に突入していると考えています。

少子化の時代に突入し、これまでのように使えないスタッフがいたらクビにして、新しい人を採用するということが簡単にできなくなります。

ましてや即戦力を採用することなど、非常に難しいといえるでしょう。

これからは、今いるスタッフを活用して、業績を上げていくしかありません。

スタッフの才能をお金に換えていくしか、業績を伸ばす方法はないのです。

そのための有効な手段が、先ほど言った独特の「ほめ方」であり、私はスタッフをほめて育てるという意味で、これを**「ほめ育」**と呼んでいます。

**「ほめ育」を導入すれば、必ず業績がアップします。**
早ければ3カ月くらいで効果が出始めます。

最初は半信半疑でもかまいません。
興味本位の覗き見でもかまいません。
まずは「ほめ育」の扉を開いてみてください。

一般財団法人　ほめ育財団　代表理事　原　邦雄

# 今すぐできる！ 今すぐ変わる！
# 「ほめ育」マネジメント

◆目次

## 第1章　リーダーが誤解している、業績が伸びない4つの理由

## 第2章
## ほめ育マネジメントとは、スタッフの長所をお金に換える経営である

## 第3章 「ほめ育」を導入すれば、会社はこう変わる！

# 第4章 ほめ育マネジメントの3STEP

## 第5章 行動基準を作らなければ目標達成はできない

## 第6章 「ほめる」+「叱る」で、人も組織も進歩する

## 第7章 ほめ育流・適材適所で稼げる社員がどんどん増える

## 第8章 人はほめられるために生まれてきた

※各章末のコラム「経営者のための『ほめ育のススメ』」は、いずれも『フジサンケイビジネスアイ』より転載したものです。なお、同コラム中の人名の肩書や企業の各種数値は、同紙掲載時のものであることをご了承ください。

# 第1章

# リーダーが誤解している、業績が伸びない4つの理由

## 1 業績は、リーダーが上げるものと思っていませんか？

経営者やリーダーにとって、一番の関心事は「どうやって業績を上げるか？」でしょう。

ところが、私がこれまでセミナーや研修を通して2万人以上の経営者やリーダーとお会いしてきた中で感じるのは、業績について誤解している人が多いということです。

その一つが、**「業績は、経営者やリーダーが上げるものだ」**と思っているパターンです。

経営者やリーダーの中には、自身が現場の第一線で働き、売上を作ってきた人がたくさんいます。

そして、そういう人には、会社をここまで大きくしてきたのは自分だという自負があり、自分の力を過信している傾向があります。

そのため、部下に任せることができなかったり、手放せなかったりする人が多いのです。

もちろん、業績が好調なときはそれでもいいのですが、ひとたび業績が悪くなり始めると、こういう人たちはどうしていいかわからず、問題を一人で抱え込んでしまいます。


あなたは大丈夫ですか？

一人で抱え込んで、孤独になっていませんか？


たしかに、あなたが率先して会社を引っ張っていくことは大事なことかもしれません。

しかし、あなたがやってきたこれまでのやり方が、うまくいかなくなっているとしたら、それに固執する必要はないのではないでしょうか。

むしろ、それまでのやり方を手放し、新たなやり方を模索すべきだと思うのですが、いかがですか？


目的は、下がってきた売上を食い止め、業績を回復させることですよね。

自分のやり方を貫いて、「ほら、俺の言うとおりにしたら、業績が上がっただろう」

と、自分の力を誇示することではないですよね。
だとしたら、スタッフ全員の力を活用して、業績を伸ばすことも検討してみるべきではないでしょうか。

## ◎ないものねだりをしていても、業績は伸びない

業績が落ち込んでくると、「競合店ができたから仕方がない」、「政府の運営がダメで景気が回復しないのだから仕方がない」、「人口が減っているのだから仕方がない」といった言い訳をする人がいます。
また、「もっと優秀な社員がいてくれたら」、「もっと売れる商品・サービスがあったら」などと、ないものねだりをする人もいます。

ちょっと次の写真を見てください。

ラクダの背中には、太陽電池で発電して冷やすことができるクーラーボックスが載っていて、その中には病気を治すワクチンが入っています。

そして、一人の男性がそのラクダを引っ張って、20キロ先の病院にワクチンを届けるために、砂漠の中を歩いている写真です。

ワクチンを運ぶ男性とラクダ

この写真を見て、あなたは何か感じましたか？

「なぜ、ラクダではなく、車やヘリで行かないのだろう？」

こう思った人が多いのではないかと思います。

しかし、このとき車もヘリもすべて出払っていて、ラクダしかいなかったとしたら……。

あなたはどうしますか？

車がないから行けない、ヘリがないから行けないと、その場でじっとしていますか？

でも、そうすると、ワクチンを届けることはできませんよね。

この場合、**目的は一刻も早くワクチンを病院に届けることであって、車やヘリで行くことではありません。**

ないものねだりをするのではなく、どうすれば今ある資源で一番早くワクチンを届けることができるのか？　それを考えるのがあなたの仕事なのです。

企業経営も同じ。今いるスタッフと、今ある商品・サービスで、業績を上げるにはどうすればいいのか？　それを考えるのが経営者やリーダーの仕事であり、それこそが経営者やリーダーの腕の見せ所といえるのではないでしょうか。

そのために経営者やリーダーに求められているのは、まずビジョンを語ることです。

「この先、この会社をどんな会社にしたいのか？」

「どこを目指しているのか？」

スタッフはこのようなビジョンを知りたがっています。

したがって、これからの経営者やリーダーは、このようなビジョンを語り、それに賛同してくれるスタッフと一緒に、業績を伸ばしていくことが求められていると言えるでしょう。

## 2 業績は、後からついてくるものと思っていませんか？

企業経営において、従業員満足度（ＥＳ）を上げることが重要だと言われるようになってきました。そして、従業員満足度を上げれば、顧客満足度（ＣＳ）が上がり、業績が伸びると言われています。

つまり、従業員満足度を上げれば、業績は後からついてくるというわけです。

あなたもそう思っていませんか？

たしかに、そういうことはあるかもしれませんので、この説を否定するつもりはありません。

しかし、必ず後から業績がついてくるかというと、私はいささか疑問に思っています。

なぜなら、今の若い人たちは、労働条件や労働環境を良くしてあげたからといって、それだけで「業績を上げるためにがんばろう」「お客さんのためにがんばろう」という気にはならないと思うからです。

逆に、まだ実力が身についていない新入社員や若手社員に、先に満足を与えてしまうと、ただでさえ平和ボケしているのに、ますます平和ボケしてしまうのです。

しかも、仮に今年、給料を3万円アップしてあげたとして、来年、給料が上がらなければ、それが不満に変わってしまうのです。

そこには、去年、給料が3万円上がったことに対する感謝の気持ちはありません。そんなことは忘れ去られていて、不満だけが残るのです。

## ◎従業員満足度を上げるには、成長を実感させてあげること

もちろん、従業員満足度を上げるために、給料を上げたり、労働時間を短くしたり、職場環境の改善をしたりといった、労働条件や労働環境を良くすることは大事なことではあります。

でも、それだけでは足りないのです。

では、何が足りないのか？

それは、**スタッフが成長を実感できるようにしてあげることです。**

たとえば、「これまでできなかった仕事ができるようになった」、「これまでわからなかったことがわかるようになった」、「これまで会えなかった人に会えるようになった」、「これまで採用されなかったアイデアが採用されるようになった」、「これまでよりも大きな企画を任されるようになった」といったことです。

このような成長を実感させてあげることができれば、今のゆとり世代の子供たちも満足度がアップするのです。

実際、私のクライアント企業の居酒屋でこんなことがありました。

学生時代、その居酒屋でアルバイトをしていたゆとり世代のA君は、就職活動をがんばって商社に就職したそうです。

その商社は給料もボーナスも良く、定期昇給もあって、待遇的には申し分のない企業だったといいます。

ところが、A君は2年でその会社を辞め、学生時代にアルバイトをしていた居酒屋に戻ってきたのです。

驚いて理由を聞く店長に対し、A君は次のように答えたといいます。

「たしかに、あの商社は待遇はよかったのですが、仕事内容がつまらなくて……。上司から言われたことだけをやっていればいいという感じで、意見を言ったり、提案をしたりしても、聞き入れてもらえることはなかったのです」

その店長の話によると、A君はアルバイト時代から、積極的にいろんなアイデアを出してくるタイプだったようで、良いアイデアはどんどん採用していたそうです。

そのような環境がA君にとっては心地よかったようで、年収が半分以下になるにもかかわらず、居酒屋を選んだのです。

このA君の事例でもわかるように、**成長を実感し続けられない企業のスタッフは遅かれ早かれ、だいたい辞めていきます。**

たとえ、給料が良くても辞めていくのです。

逆に、給料がそれほど良くなくても、自分の成長を実感し続けられれば、人は辞めないといえるでしょう。

企業としてスタッフの労働条件や労働環境を良くすることは、目指すべき方向ではありますが、それだけだと、いつまでたっても着地点はありません。

従業員満足度を上げるには、成長を実感させてあげることが重要なのです。

## 3 業績は、仕組みだけで作るものと思っていませんか？

近年、仕組みが大事とか、仕組みで儲けるということが言われるようになり、仕組みを作ることが大事だと思っている人も多いようです。

たしかに、仕組みは大事です。

しかし、仕組みを作れば、あとは勝手に業績が伸びていくと勘違いしている人も多いように思います。

あなたは大丈夫ですか？

仕組みさえ作れば、それで万事ＯＫと思っていませんか？

じつは、**仕組みを作るのも、その仕組みを動かすのも「人」**なんです。

だから、私は「仕組み作り」と「人材育成」は車の両輪だと考えています。

このことを忘れて、仕組みだけを作ったとしても、その仕組みは機能しないし、うまく回っていかないことも多いといえます。

いくら良い仕組みがあっても、人がいなければ、それは絵に描いた餅になってしまうのです。

逆に、人がいても、業績が上がる仕組みがなければ、個人の能力に頼らざるを得なくなるため、安定的に業績を上げ続けることは難しくなります。

そこで、私が提案しているのが、**業績が伸び、かつ、人も成長していく仕組み**であり、**「ほめ育」**と呼んでいるものです。

「ほめ育」の内容については、このあとの章で詳しく紹介していきますが、「ほめ育」を導入したクライアント企業のほとんどが、業績アップを実現しています。

さらに、スタッフの離職率も極端に低下するので、予定外の採用募集費が必要なくなり、利益もアップしているのです。

## ◎「ほめ育マネジメント」＝「ほめる」＋5つの要素

ただ、「ほめ育」と聞くと、次のように反論する人がいます。

「ほめるだけで業績が上がるなら、そんな簡単なことはないよ！」

「ほめるところがあったら、とっくにほめているよ！」

「経営はそんなに甘いものじゃない！」

実際、私のクライアント企業も、最初は半信半疑の方がほとんどでした。

そこで本書では、スタッフの長所をお金に換える、シンプルだけど、とても奥の深い

「ほめ」の考え方とマネジメントのやり方を、事例を交えながらお伝えしていこうと考えています。

ちなみに、「ほめ育マネジメント」とは、単なる「ほめる」ではなく、「ほめる」に次の5つの要素をミックスしたものです。

**①エンパワーメント**
**②マネジメント**
**③マーケティング**
**④セールス**
**⑤エンゲージメント**

エンパワーメントは、個人や組織の能力開発のことです。部下の持つ潜在能力を引き出すことで、まさに「ほめ育」でもっとも大切な長所伸展を指します。

マネジメントは、部下の能力を結果に結びつけることです。部下を物心ともに幸せにする意志と能力が必要になります。

マーケティングは、売れる仕組みを作ることです。どんな業種にも売上が上がる道が存在しますので、その道を見つけるための仮説を立てることができる能力が必要となります。

セールスは、「売る」こと。すなわち、売れる人、売れる店、売れる会社になるということです。売る側の自信と、お客様のニーズをつかむ技術が必要です。

エンゲージメントは、会社の方向性とスタッフの方向性を合わせることです。経営理念の浸透であり、これをすることで組織の力が倍増します。

そして、これら5つの要素を意識しながらスタッフをほめることで、業績がアップしていくのです。

業績を上げるには、末端のスタッフの行動を変えることをしなければなりません。同時に、末端のスタッフが笑顔でなければ、ダントツ繁盛はしないのです。

本書では、仕組みと人材育成をミックスし、ダントツ繁盛企業へとスパイラル・アップさせる方法を伝授します。

# 4 業績は、社員がやる気になれば上がると思っていませんか？

「どうして今の若い人たちは、やる気がないんだろう？」

「彼らがもっとやる気を出してくれたら、業績も上がるはずなのに……」


あなたはこんなことを思ったことはありませんか？

じつは、多くの経営者やリーダーがこのように思ったことがあるといいます。

そして、どこかで「今の若い人は、ほめるとやる気になる」という話を聞いてきた経営者やリーダーは、若い社員にやる気を出してもらおうと、適当にほめているのです。


しかし、適当にほめたところで、彼らのやる気は出ませんし、業績も上がりません。

たとえば、上司から「その髪型、似合ってるね」、「そのネクタイ、オシャレだね」などとほめられたとしましょう。

たしかに、そのときはうれしいと感じるかもしれません。ほめられて嫌な気分になる人はいませんので。

しかし、髪型やネクタイをほめられたことがきっかけとなって、やる気に火がついて、バリバリ仕事をするようになって、その結果、業績が上がるかというと、残念ながら、そんなことはないのです。

なぜなら、**今の若い人たちは、何をすれば業績が上がるのかということがわかっていないケースが多いからです。**

つまり、仮に上司からほめられてやる気になったとしても、そのやる気が、業績が上がる行動に直結せず、空回りしているのです。

何をすれば業績が上がるのかがわかっているベテラン社員に対しては、このやり方でもいいかもしれませんが、何をすればいいのかわかっていない今の若い人たちには、このやり方は通用しないといえるでしょう。

「業績を上げるために何をすればいいのかは自分で考えろ！」では、今の若い人たちは正しい行動ができないのです。

## ◎業績アップにつながる行動を明確にし、その行動をほめる

では、どうすればいいのか？

それにはまず、**業績アップにつながる行動を明確にすることです。**

たとえば、飲食店であれば、飲み物のグラスが空いているお客さんに対して、「お飲み物のおかわりはいかがですか？」と声をかけるといったことになるでしょう。

このような業績アップにつながる行動をピックアップして一覧にしたものを、私は「ロジックツリー」と呼んでいますが、まずはこのロジックツリーを作成し、社員に提示することです。

そして、次にやるべきことは、**ロジックツリーに書かれた行動をした社員をほめること。**社員の髪型やネクタイをほめるのではなく、**社員の行動をほめるのです。**

じつは、これが「ほめ育」の最重要ポイントであって、ほかの「ほめる」と「ほめ育」の大きな違いと言っても過言ではないでしょう。

さらに、これこそが「ほめ育」を導入すれば売上が上がると言い切ることができる最大の要因なのです。

私が今の若い人たちを見ていて思うのは、彼らは決してやる気がないわけではないということです。

やる気はあるけれども、何をしていいのかがわからないだけ。

したがって、彼らに明確かつ具体的な行動基準を示し、それを一定期間やらせれば、必ず結果がついてくるので、彼ら自身も業績アップという成功体験を持つことができ、それがやる気につながり、どんどん成長していくのです。

実際、これまで私はそのような若者を、本当に数多く見てきました。

ですので、「ほめ育」には絶対の自信があります。

では、「ほめ育」とは、具体的にどういうことなのかについて、次章以降で詳しく説明していくことにしましょう。

コラム

## 経営者のための「ほめ育のススメ」①

今回の対談は、ヤマト運輸、育成戦略部長の高橋暢晴さん。お客様、社員、社会などに対して多くの満足を創造するため、2008年11月からスタートした「満足BANK」制度。蓄積ポイント数に応じて4種類のバッジを贈呈する制度だが、他にもヤマト運輸では、お客様からの喜びの声を現場社員へ伝える様々な制度が存在する。今回は高橋さんとの対談を通して、社員への想いを形にすることの大切さについてお伝えします。

**――これだけ大きな組織で「満足BANK」を浸透させていくご苦労と喜びがあるかとは思いますが、その他に社内での表彰制度や社訓の浸透など、もしくはこれらのシステムの将来的な展望などはありますか?**

例えば、「ヤマトファン賞」という表彰制度があります。お客様からいただくお褒めのメールや電話を、社員の顔写真や上司のメッセージを添えて社内イントラに掲載し、全社で共有することで、応対品質の向上を図っています。他にも年2回、社員の取り組みによる組織の活性化や業務効率向上の具体的成功事例を水平展開することを目的として、業績表彰発表会を行っています。自分のやってきたことをみんなに聞いてもらえたり、他の社員の参考事例にもなるので、モチベーションの向上に繋がっていると考えています。

また「永年無事故運転者表彰式典」というものを設け、無事故の運転年数または走行距離に応じて、無事故セールスドライバーの表彰を行っています。それぞれの年数や距離に応じて、ダイヤモンド賞、金賞、銀賞、銅賞、セーフティ・ドライバー賞を贈呈しています。

――「想いを形に」を継続するのが私たちのテーマの1つでもあります。「ほめているでしょ?」「いえ、ほめられていませんよ」というコミュニケーションにならないために、表彰という〝形〟にすることで、「相手をほめたい」という想いを表現する大変素晴らしいシステムですね。

ヤマトファン賞を受賞した社員には、会社から楯を贈呈してます。サービスセンターに集まるお客様からのお褒めのメールや電話は、匿名のケースや個人名をいただくケースと様々なのですが、必ず社員本人に確認し、ほめる機会を創出しています。

**――お客様からの電話やお手紙ということは、基本的に〝待ち〟ですよね。それでも相当数の喜びの声が寄せられるというのは、凄いことだと思います。ほめる文化はどのように創られているのですか？**

お客様からお褒めの言葉をいただき、社員のモチベーションが向上し、さらにいいサービスを提供しようと業務に励む、という品質向上のサイクルが生まれていると考えています。そのために第一線の現場の社員を朝礼などの場で直接ほめることが大切です。みんなの前で「おめでとう」と伝えることで、本人のモチベーション向上になり、周りの人と共有することができます。弊社としてはこういう形でほめる文化を醸成しています。

**――実際のお客様からの声というのは、ほめられる側にとって何よりの励みになりますね。私たちも売上アップに繋がる現場スタッフの行動を見つける糸口として、「お客様の声」に着目します。**

東日本大震災のときに被災地の社員が行った救援物資の輸送や救助活動などの自発的な

行動で、多くの「お客様の声」が寄せられました。「おかげで生き延びることができました」や「元気を取り戻せました」という声です。制服を着ていますから、道を歩いているだけでお客様からお声掛けいただく機会が多数ありました。

——当たり前ではない、ということを認識して、サービスを提供する側、される側のお互いが感謝をしていける取り組みを進めることで、日本の良さをもっと発信していきたいですね。本日は、ありがとうございました。

**高橋暢晴部長●プロフィール**

1966年、富山県滑川市生まれ。京都大学教育学部を卒業後、ヤマト運輸株式会社に入社。関西地区を中心に、業務効率向上、営業開発担当、支店責任者等を経て、現部署に配属。お客様からの「お褒め」、職場の仲間からの「ほめ」が社員育成の重要な柱と位置づけ、「ほめる文化」の定着を推進している。

# 第2章

# ほめ育マネジメントとは、スタッフの長所をお金に換える経営である

## 1 今いるスタッフに稼いでもらうしかない

業績アップにつながる行動を明確にし、その行動をしたスタッフをほめることが「ほめ育」であり、これが単なる「ほめる」との大きな違いであるということは、前章で述べたとおりです。

では、ほめ育マネジメントとは、どういうマネジメントなのか？
ひと言で言うと、**「ほめ育」を使ってスタッフの「長所」を「お金」に換える経営です。**

あなたはスタッフの長所を見つけようとしていますか？
そして、長所を伸ばそうとしていますか？
さらに、長所をお金に換えようと考えたことはありますか？

じつは、多くの経営者やリーダーは、このような発想を持っていません。

どちらかというと、スタッフの長所を伸ばそうというより、スタッフのダメなところを見つけて、改善させようとしてきました。

そして、改善しないスタッフは、クビにしてきたのです。

人が辞めても簡単に代わりの人が採用できた買い手市場の時代や、人がどんどん集まる一部の人気企業や人気業種の場合は、こんなやり方でもいいでしょう。

しかし、今は少子化で労働人口は減少の一途をたどっていますし、人気のない業界では人の補充は簡単なことではありません。

新たに人を採用するのに、一人につき約150万円の採用募集費がかかる業界もありますし、即戦力を採用するのは非常に難しい状況です。

したがって、多くの企業にとっては、今いるスタッフでやっていくしかありません。経営者やリーダーは「こいつは使えない」などと嘆いている場合ではなく、なんとかして今いるスタッフに稼いでもらうしかないのです。

## 2 能力のない人は一人もいない

「そうはいっても、能力のないスタッフに稼いでもらうのは難しいのでは？」と思った人も多いのではないでしょうか？

じつを言うと、私も昔はそう思っていました。

食品メーカーで営業リーダー（プレイングマネージャー）をしていたときのことなのですが、部下の一人が本当に使えない人だったのです。

ほかのリーダーたちが使いこなせず、たらい回しにされていた彼を、支店長が「何とか使ってくれ！」と私に言ってきたのです。

正直、私もほかのリーダーたちと同様、「俺には彼を育てるのは無理だから、彼をクビにするか、別の部署に異動させるかしてくれ！」と思っていました。

しかし、その思いは上には届かなかったので、ある日、彼と同行したときに、徹底的に彼と話をしてみたのです。

すると、彼はセールスは苦手だけれど、受注したあとの発注業務や商品管理、お客さんとの調整といった事務処理的な業務は得意だということがわかったのです。

一方、私はセールスも得意でしたし、事務処理もできましたが、事務処理ができないふりをしました。自ら短所を作ることで、彼の長所を私の短所に当てはめられるようにしたのです。

以来、私と彼はタッグを組み、まるでジグソーパズルの凸凹のピースのように、互いの短所を補い合いながら、ベストパートナーとして課全体の売上を伸ばすことに成功したのです。

この経験から、私は**「どんな人にも必ず長所はある」ということを信じるようになりました。**そして、「ほめ育」の研修を数多く手がけ、いろんな企業のスタッフの成長を見ていくうちに、それは確信へと変わっていったのです。

だから、どんな人にも必ず長所はあります。

力を発揮できていないスタッフは、リーダーがその人の力を引き出せていないだけなのです。

全員の長所を最大限に引き出すことができれば、売上目標は軽くクリアできるはずです。実際、「ほめ育」を導入している企業の中には、そういう企業がたくさんあるのですから。

人には誰でもお金に変換できる長所がある、という考え方に立ってマネジメントするのか。

それとも、売上アップに貢献できる能力のないスタッフもいる、という考え方でマネジメントを行うのか。

ほめ育マネジメントとは、前者の考え方に基づいて行うマネジメントであり、この考え方に立つことが、ほめ育マネジメントの第一歩なのです。

# 3 部下のやる気を引き出すのではなく、能力を引き出す

「人には誰でも長所があるという考え方に立つことは簡単だけど、実際に部下の長所を見つけるのは大変そう」と思う経営者やリーダーもいます。

特に、古い時代の経営者やリーダーたちの多くは、スタッフの長所を見つけて伸ばそうとした経験がありません。また、自分たちがほめられた経験もありません。

むしろ、部下の長所を見つけるよりも、欠点を見つけてダメ出しするほうが多く、また、部下をほめて育てるというより、自分で盗んで自分で成長しろという感覚で部下に接してきた人がほとんどでしょう。

しかし、ダメ出しされてうれしい人はいません。誰だって、ダメ出しされるよりも、良いところをほめてもらったほうがうれしいのです。

昔の人はそれが当たり前だったので、ほめられなくてもモチベーションを高く保っていられただけで、今の若者はダメ出しされると、すぐに凹んでしまうのです。

また、昔はシェフの味を盗むために、シェフが調理し終えたフライパンを流しに置いた瞬間に、見習いのコックたちが一斉にそのフライパンに群がったものですが、今はそのような成長意欲を持った若者は、ほとんど見かけなくなりました。

だからといって、今の若者、特にゆとり世代の若者たちにやる気がないかというと、そういうわけではありません。やる気はあるのですが、何をどうすればいいのかがわからず、戸惑っている状況なのです。

したがって、**何をすればいいのかを具体的に教えてあげれば、今の若者だってきちんとやるし、正しく導いてあげれば成長もしていくのです。**変な色がついていない分、中高年のスタッフよりは、伸びしろは大きいと言えるでしょう。

今の若者たちにはやる気が感じられないという経営者やリーダーがいますが、彼らにも内に秘めたやる気はあります。

問題は、「自分は何をすればいいのか？」「自分は何ができるのか？」がわかっていないことです。

したがって、**これからの経営者やリーダーは、部下のやる気ではなく、部下の能力を引き出してあげることが重要なのです。**

時代は変わりました。

問題は、あなたがそれを受け入れられるかどうか。

ほめ育では、それを受け入れることは今や必須なのです。

## 4 ほめ育マネジメントに必要なのは、愛と感謝と情熱

ほめ育マネジメントでは、スタッフ一人ひとりと向き合い、その人の、その人にしかない、かけがえのない長所を見つけ出し、それを伸ばして、お金に換えるところまでをやります。

そういう意味では、リーダーにとって難易度は高いと言えますが、その分、やれば必ず成果が出ます。業績が伸び、利益が増え、繁盛企業のスパイラル・アップへと入っていくのです。

前にも書きましたが、どんな人にも長所があります。

私は、人はみんな生まれてくるときに、神様からラブレターをもらって生まれてきているると考えています。

そして、そのラブレターにはその人が現世で成すべき使命が書かれていて、その使命を遂行するための能力は、すでに神様から授けられているのです。

しかし、ほとんどの人はそのことに気づいていませんし、自分で気づける人はなかなかいません。

だからこそ、上司であるあなたが、その能力を見つけてあげる必要があるのです。

そのためには、愛と感謝と情熱が必要だと、私は思っています。

スタッフに対する愛がなければ、そんな手間のかかることはできませんし、スタッフに対する感謝の気持ちがなければ、隠れた能力は見えてこないからです。

さらに重要なのが**情熱。**本気でやらないと見つけられるものではありませんから、**「絶対に見つけてやるんだ！」という情熱**が必要なのです。

当然のことながら、部下が冷めていては隠れた能力は見つかりにくいものです。

だから、部下に本気で仕事に取り組んでもらうためにも、部下の熱を上げてあげなければいけません。

20度の水に50度のお湯をかけても、20度の水の温度はそれほど上昇しませんが、100度のお湯をかけ続ければ、20度の水も30度、40度と温度が上がっていくものなのです。

つまり、部下の熱を上げるには、上司であるあなた自身の熱を上げることがポイントなのです。

## 5 余裕がなければ、人本主義経営はできない

戦後の日本企業の躍進を支えた日本的経営は、人を大切にする「人本主義経営」だと言われています。

人を大切にするという考え方には、私も賛成です。

しかし、私も経営者の一人だからわかるのですが、会社が火の車では、物心ともにスタッフを大切にしている余裕などありません。

ましてや、スタッフ一人ひとりと向き合って、その人の、その人にしかない、かけがえのない長所を見つけようという気には、とてもじゃないけれどなれないでしょう。

目先の売上を上げて、会社が潰れないようにすることで精一杯だからです。

つまり、人を大切にする人本主義経営は、業績の良い企業だからできたことだと言えなくもないのです。

「だとしたら、スタッフをほめて育てようというほめ育マネジメントも、人本主義経営と同じじゃないの?」と思う人もいるでしょう。

しかし、ほめ育マネジメントは、前章で述べたように単なるマネジメントではなく、マーケティングの要素も加味しているので、業績アップ、利益アップに直結するように設計されています。

したがって、**本気で取り組めば、早ければ2〜3カ月、遅くとも半年以内には業績が上がり、利益も出る**ようになるのです。

詳しい事例は次章でご紹介しますが、実際に「ほめ育」を導入した企業の中には、そのような企業がたくさんあります。

もちろん、最初は半信半疑で始めたところが少なくありません。

いや、むしろほとんどの企業が半信半疑だったと言っても過言ではないでしょう。実際、まずは小グループで試験的に導入してみるという企業ばかりでしたから。

しかし、その効果を実感した企業の多くが、全社に導入したり、「ほめ育」研修を継続したりしているのです。

## 6　ほめ育マネジメントは「三方よし」の経営である

近江商人の理念である「三方《さんぽう》よし」の考え方は、ご存知の方も多いことでしょう。

売り手の都合だけで商いをするのではなく、買い手であるお客さんが心の底から満足し、さらに商いを通じて地域社会の発展にも貢献しなければならないというものです。

すなわち、「売り手よし、買い手よし、世間よし」です。

じつは、ほめ育マネジメントも、三方の中身は少し違いますが、「三方よし」の経営であると私は考えています。

では、ほめ育マネジメントの三方とは何なのか？

それは、**「お客様よし、スタッフよし、自分よし」**の三方です。

まず、なぜ「お客様よし」なのかですが、「ほめ育」ではお客様に喜ばれる行動をしたスタッフをほめることが基本中の基本だからです。

これは「お客様に喜んでもらえれば必ず売上は伸びる」という当たり前の考え方に基づくもので、ほめる基準をお客様が喜ぶ行動に設定しています。

したがって、ほめ育を導入すれば、スタッフが積極的にお客様に喜ばれる行動をするようになるため、お客様に喜ばれる会社やお店になるということです。

次に、なぜ「スタッフよし」なのかですが、これまで上司からダメ出しばかりされていたのが、上司からほめられるようになるからです。

また、上司に自分の長所を見つけてもらい、それを伸ばしてもらうことによって、自分の成長が日々実感できるようになることも、スタッフにとっては大きなやりがいになることでしょう。

最後に、なぜ「自分よし」なのかですが、これは言うまでもなく、業績が上がり、利益も出るようになって、「業績・結果」の悩みから解放されることになるからです。

さらに、長期的には社内のコミュニケーションが良くなり、会社全体に一体感が出て、リーダーが目指す方向にチーム一丸となって進んでいける強い組織になるのも、リーダーにとってはうれしいことでしょう。

私は数多くの企業を見てきましたが、うまくいっていない企業ほど、お客様そっちのけの商売をしたり、スタッフのことを大切にしないマネジメントを行ったりしています。

まさに「マイナスのスパイラル」に陥ってしまっていると言っても過言ではないでしょ

う。

このマイナスのスパイラルの流れを食い止め、歯車を逆回転させて、プラスのスパイラルに持っていくことができるのは、私は「ほめ育」しかないと思っています。

流れを食い止めるにはかなりのパワーが要りますが、歯車を逆回転させることができれば、慣性の法則によって自然と良い方向に動き出していくのです。

## 7 ほめ育マネジメントは、なれあいの甘い組織を作ることではない

セミナーや講演会などで「ほめ育」の話をすると、必ずと言っていいほど出てくる質問が、「スタッフをほめると、スタッフが調子に乗ってしまって、甘い組織になってしまうのではないですか?」というものです。

これに対する私の答えは、YESです。

実際、基準と目的のないまま、安易に単なる「ほめる」を導入した企業の中には、無法地帯になっているところもあります。

たとえば、ほめる基準がない企業では、上司が部下の何をほめていいのかわからないために、「○○くん、そのネクタイ、センスいいね！」とか、「○○さん、その髪型、よく似合ってるね」といった上辺だけの「ほめる」が横行します。

当然、これでは業績が上がることはなく、甘い組織やなれあいの組織を作ってしまうだけなのです。

また、ほめる目的が明確になっていない企業の中には、上司が5分遅刻してきた部下を叱ると、「これからはほめるようにすると言ったじゃないですか。僕だって残業したりしてがんばってるんですよ。昨日も残業だったし。だから、5分くらい遅刻したっていいじゃないですか。それより、もっとがんばっているところを見て、ほめてくださいよ！」と、半ば逆ギレ気味に言ってくる部下がいるそうです。

こうなったら、まさに無法地帯。組織は崩壊の一途をたどるだけです。

これに対し、「ほめ育」の場合は、このような事態になることはありません。

なぜなら、**「ほめ育」を導入する目的と、ほめる基準を明確にしているからです。**

目的というのは、経営理念の浸透と事業計画（売上目標など）の実現であり、ほめる基準というのは、これらの目的の実現につながる行動のことです。

この2つが明確になっているかどうかが、単なる「ほめる」と「ほめ育」の違いなのです。

このことは裏を返せば、経営理念のはっきりしない企業や事業計画のない企業は、「ほめ育」を導入してもあまり意味がないということです。

また、事業計画はあったとしても、経営者がその数字をなにがなんでも達成するぞという強い意志を持っていない企業は、「ほめ育」を導入してもうまくいかない可能性が高いと言えるでしょう。

## 8 理念経営をしている経営者が陥りがちな落とし穴

近年、経営理念の重要性が叫ばれるようになったのにともない、経営理念を中心に置いた理念経営を行う企業が増えてきました。

そのような企業がよく行っているのは、経営理念を書いた紙を額装して全事業所に飾ったり、毎日朝礼で経営理念を唱和したり、リッツ・カールトンのようなクレドカードを作ってスタッフに携帯させたりといったことです。

また、年に1回程度、社長がスタッフの前で、「我が社の経営理念はこうで、ミッションはこうで、ビジョンはこうで、これを実現するためにみんなで一丸となってがんばろう！」と檄《げき》を飛ばす会社もあります。

しかし、このようなことをいくらやっても、残念ながら経営理念がスタッフに浸透していくことはありません。

なぜなら、単なる唱和はもちろんのこと、社長のそんなスピーチではスタッフの心に全く響かないからです。

スタッフにとっては、経営理念は単なるお題目にしか聞こえず、自分とはかけ離れた遠い世界のことにしか思えないのです。

そこで、ほめ育マネジメントでは、スタッフ一人ひとりの長所や業績アップにつながる行動をみんなでモデリングすることで全体のレベルアップを図る目的で、**ミーティングや全体会議の場でがんばっているスタッフを前に呼び、彼の行動をほめつつ、みんなにシェアするということを行っています。**

このとき同時に「○○さんの行動は経営理念のこのことです」とか、「○○くんの行動はこの経営理念の実現につながっています」といった話をすることで、経営理念を身近に感じることができるようになるのです。

社長のスピーチも同じで、このようなスタッフのエピソードと絡めて経営理念のことを話すようにすれば、スタッフにも伝わりやすくなると言えます。

さらに、このようなミーティングの場を設けることで、これまで他人に関心のなかった若者たちも、次第に他人の行動に関心を持つようになり、「どうすれば、そんなことができるようになるの?」「どういう勉強をしているの?」といった学習意欲を持つようになります。

今の若者は学び方を知らないだけで、このような場を作ってあげれば、自然にやり出すようになるのです。

## 9 ほめ育マネジメントが世界中で通用する理由

近年、日本でもセクハラ、パワハラ、エイハラ（エイジハラスメント）など、様々なハラスメントが問題視されるようになりましたが、欧米に比べれば日本はまだまだ甘いと言えます。

なぜなら、日本では上司が部下に対して、感情的に「何やってるんだ！」とか、「早くやれよ！」と怒鳴っても、問題になることはないからです。こんな国は先進国の中では日本くらいのものでしょう。

アメリカでこのようなことをしようものなら、パワハラで訴えられて即裁判になります。また、女性スタッフのほめ方を間違えようものなら、セクハラで訴えられることにもなりかねません。
つまり、アメリカでは部下を叱るときもほめるときも細心の注意を払わなければいけないくらい、部下とのコミュニケーションは難しいことなのです。

そんなアメリカでも、「ほめ育」が通用するのはなぜなのか?
それは、**ほめる基準が明確になっているからです。**

しかも、その基準はお客様に喜ばれる行動です。これは商売の基本であり、万国共通のことですから、この基準をベースとした「ほめ育」は、世界中どこでも通用するというわけです。

もともと日本は、普段の会話の中で「基準」という言葉がほとんど出てこないことからもわかるように、基準があいまいな国です。基準のない国と言ってもいいかもしれません。

実際、「評価基準は何ですか?」とか「それはどういう基準で選んだのですか?」といった会話は、日本の企業ではほとんどなされていないのが実情なのです。

これに対し、アメリカ企業では、すべてにおいて基準があります。

しかも、評価基準が36段階に細かく分けられているところもあるくらいです。

この基準があることによって、やる気があって出世したいスタッフは、何をすれば上のステージに行けるのかが明確になります。

また、基準がないと、どこまでがんばればいいのかわからないため、やる気が出ないものですが、目標が明確になると、少し背伸びすれば届くかもと思えるので、がんばることができるようになるのです。

これが基準のパワーです。

ちなみに、「ほめ育」の行動基準を評価基準と連動させることも可能ですし、実際に連動させている企業もあります。

## ◎東南アジアや中国でも通用する「ほめ育」

最近では、東南アジアや中国でも「ほめ育」を導入する企業が増えてきました。

たとえば、東南アジアで「豚骨火山らーめん」を展開する株式会社サンパークもその一つです。

同社によると、もともとタイ人同士は相手をほめたり、認めたりすることがなかったのが、「ほめ育」を実践し続けたことで、お互いの行動をほめ合ったり、他人の良い所を真似して吸収しようとする傾向が出てきたといいます。

また、お客様や出入りの業者から、「なぜ、この店のスタッフたちは、みんな笑顔でイキイキと楽しそうに働いているのですか?」と聞かれることも増えてきたと同時に、辞めるスタッフが激減したそうです。

さらに、こうした成果は業績にも直結しており、過去最高売上を更新する店舗や対前年比130%以上の売上を上げる店舗が続出しています。

中国でも、味千ラーメンをはじめとした中国の有名飲食グループ約630店舗に「ほめ育」が導入され、売上アップや離職率ダウンはもちろんのこと、中国人スタッフたちの間に働く喜びや感動が生まれるという成果が出ているのです。

具体的には、「やる気のなかったスタッフが積極的に仕事に取り組むようになった」、「これまで無表情だったスタッフが笑顔満面で働くようになった」、「恥ずかしがり屋のスタッフが自分からお客様に声をかけるようになった」、「チームの結束力がこれまでにない水準に上がった」といった報告が続々と届いています。

中国といえば、高圧的な組織で、感情を表に出す国民性ですが、そういう人たちにも「ほめ育」が通用することが証明されたといえるでしょう。

このように世界中で通用し、さらに評価基準との連動も可能な基準に基づくほめ育マネジメントは今、世界中に広がっているのです。

では、「ほめ育」を導入するには、どのようにすればいいのか？

まずその前に、「ほめ育」を導入すればどのようなメリットがあるのかということについて、実際に導入した企業の事例を交えながら、次章で紹介することにしましょう。

コラム

## 経営者のための「ほめ育のススメ」②

今回の対談は、アイエスエフネットグループ代表の渡邉幸義さん。経歴を問わず、障がい者を含め幅広い人財を雇用し、個々の強みを活かしたＩＴ事業を展開している。２０１６年までに障がい者１０００名の雇用と、平均25万円／月の給料をお支払いすることを宣言し、不可能を可能にするべく挑戦し続ける障がい者雇用のパイオニアである。今回は渡邉さんとの対談を通して、ほめることが人の成長にどう繋がるかをお伝えします。

――「ほめ育」の価値、将来性は？

三つあると思います。

一つ目は、笑顔とキラキラした目。単純かもしれませんが、これはとても大切なことです。笑顔を継続することでそれが習慣になり、周囲に伝わっていきます。

二つ目は、本質を見抜く能力です。表面的にほめても相手には伝わりません。ほめるためにはまず認めること。そのためには相手の本質を知ることが大切です。

三つ目が、現場を知っていることです。原さんの「ほめ育」は机上の論理ではなく、原さん自身が現場で培ってきたものが根っこにあります。ですから現場と同じ目線で相手に言葉をかけられる原さんと、原さんの唱える「ほめ育」は、組織を活性化させ、多くの人を成長させる将来性を秘めていると思います。

**――御社で取り組んでいる従業員育成は？**

現在、当グループには約3200人の従業員がいますが、その4割近くが障がい者や、元・生活保護受給者など、一般的に就労が困難とされる方たちです。ほめることで、彼らにやり甲斐を持って仕事に取り組んでいただける環境を作っています。

ほめると言っても、おだてることとは違います。そこが「ほめ育」との共通点の一つですね。まず相手を知るところから始めるのです。相手を知り、認知すること――それがほめる原点です。

その方法として弊社で取り組んでいるのが「ほめーる」という制度です。全社で「ほめーる大賞」を選び、発表を行っています。

本当の意味でほめることや認めることが相手に伝わるためには、その前に「マズローの五段階の欲求」の三段階目まで（生理の欲求↓安全の欲求↓親和の欲求）のステップを満たさないといけません。ほめることは「自我の欲求（認知の欲求）」の段階なのです。相手を認めていることを理解してもらった上でほめること・課題を伝えることを実践している「ほめ育」も、弊社の従業員育成に共通するところがあります。

## ――「ほめ育」が売上アップに繋がる理由は？

その人のかけがえのない価値を見出し、認め、それを売上アップに繋げて行こうとする「ほめ育」は、当グループの人財育成とも共通するところがあります。

あるアスペルガー症候群の弊社社員の話です。彼は人の感情を読むのが苦手なのですが、演算能力に関しては天才的です。現在、彼はプログラマーとして働いています。自分の能力を発揮し、売上に大変貢献してくれているのです。

強みを見つけ、本当に心からほめることは、その人を成長させます。そしてそれを売上に繋げて行くこともまた、可能だと考えています。

## ——これからの日本のために「ほめ育」に期待する役割は？

アスペルガー症候群の社員は、プログラマーとして周囲から認められることで、〝どもり〟が改善され、プレゼンができるようにもなりました。障がいを治すことはできませんが、ほめることによって改善していくことは可能だと思っています。

そのためには相手を知り、強みを引き出し、それを認めて、心からほめることが大切です。ほめて育てることは人を成長させるのです。

これから日本の社会に進出してくる様々な世代や国籍、何かしらの障がいがある方たちに対して、彼らを大きく成長させる役割を「ほめ育」には期待しています。

**渡邉幸義社長●プロフィール**

1963年生まれ。静岡県沼津市出身。武蔵工業大学機械工学科（現・東京都市大学）を卒業後、日本ディジタルイクイップメント株式会社（現・日本ＨＰ）に入社。1996年、株式会社エヌ・アンド・アイ・システムズ代表取締役副社長に就任。2000年1月、株式会社アイエスエフネット代表取締役に就任。雇用の創造を大義に掲げ、働きたくても働けない人に働く場所を数多く提供している。

# 第3章

# 「ほめ育」を導入すれば、会社はこう変わる！

## 1　業績を上げられるスタッフが増え、会社の業績が上がる

「ほめ育」を導入することで得られるメリットの一番は、なんといっても**会社の業績が上がること**でしょう。

というよりも、「ほめ育マネジメント」の目的が業績アップですから、このメリットはある意味、当然といえます。

実際、弊社のクライアントの中には、業績アップを実現している企業がたくさんあります。というより、ほとんどの企業が業績アップを実現していると言っても過言ではないでしょう。

なかでも、あるＩＴ関連商品の販売会社の超Ｖ字回復ぶりには、本当に目を見張るものがありました。

同社の場合、第１期のほめ育研修が終わり、その８カ月後の３月から第２期のほめ育研

修を開始したのですが、3月時点では、研修費用の捻出が難しいほどの状態になり、会社買収の話まで出ていたのです。

ところが、幹部が一致団結して「ほめ育」に本気で取り組んだ結果、第1期の研修の効果が出始め、翌4月から業績がV字回復。研修を始める前の月と比べると、営業利益が500%もアップするという大幅な改善が見られたのです。

ちなみに、同社では会社が危機的な状況だったときでも、退職者が一人も出なかったそうですが、これも「ほめ育」の効果といえるでしょう。

## 2 スタッフからの自主提案が極端に増える

2つ目のメリットは、**スタッフからの自主提案が極端に増える**というものです。

「ほめ育」を導入すると、上司が部下をほめるようになりますので、ほめられた部下はモチベーションが上がり、前向きになります。

すると、これまでとは仕事に対する取り組み方が変わりますので、「もっとこうすればいいのではないか」といったアイデアをいろいろと思いつくようになるのです。

もちろん、これまでもアイデアを思いついていたスタッフはいたと思います。

しかし、上司との関係が良くないと、せっかくアイデアを思いついても提案しようという気にはならないのです。

その点、「ほめ育」を導入すれば、上司と部下の関係や職場の雰囲気もすごく良くなりますので、部下は思いついたアイデアを上司に言いやすくなるのです。

さらに、ほめ育では、上司が部下をほめるだけでなく、同時に部下の意見やアイデアを直接聞いたり、みんなの前で発表してもらったりする場も設けますので、どんどんアイデアが出てくるようになるというわけです。

インドアテニススクールなどを運営するノアインドアステージ株式会社では、スタッフをほめることよりも叱ることのほうが多かったため、叱られた本人は落ち込み、周りのスタッフも気を使って事務所の雰囲気が悪くなっていました。

しかし、「ほめ育」を導入したことで、「ほめる」ことの意味を理解し、「ほめシート・感謝シート」の活用を通じて、ほめる風土が醸成されました。ほめられたスタッフは自信をつけ、スタッフの成長スピードが格段に上がり、自ら考えて行動するようになり、仕事や会社に対する前向きな提案が増えたといいます。

さらに、事業所の雰囲気が以前に比べてすごく良くなった結果、それがお客様にも伝わり、会員様の継続率がアップしたほか、体験に来られるお客様の数や、お客様の紹介で入会される会員様の数もアップしています。

三郷金属工業株式会社も、「ほめ育」を導入して以来、上司が部下を頭ごなしに叱りつけるようなことがほとんどなくなったといいます。

特に、「ほめシート」が上司と部下の関係を良い方向に変えたようです。

また、同社は「ほめ育」を導入したことで、社員の「1ミリの成長」や「在り方」に目が向くようになったといいます。

同社の場合、「ほめ育」を導入してまだ3カ月ですが、すでに多くの社員が成長をし始めており、今後が楽しみな会社です。

## 3 離職率が下がり、未戦力賃金が減る

3つ目のメリットは、**離職率が下がり、未戦力賃金が減る**というものです。

最近の若者の特徴として、上司からきつく言われたり、何か嫌なことがあったりすると、すぐに辞めてしまう傾向があります。

しかし、「ほめ育」を導入すると、上司から感情的に怒鳴られたり、八つ当たりをされたり、理不尽なことで叱られたりすることがなくなりますので、部下にとっては居心地の良い職場環境になります。

また、上司がほめてくれるようになるため、上司との間に信頼関係もできるので、部下にとっては辞める理由がなくなるわけです。

未戦力賃金というのは戦力とはいえないスタッフに対して払っている賃金のことですが、これが減る理由は、ひと言で言うと「ほめ育」によってスタッフが成長していくから

です。しかも、急激に成長していきます。

したがって、それに伴って、未戦力賃金もどんどん減っていくというわけです。

実際、株式会社サンエイ（自販機による飲料水販売会社）では、それまで離職者が相次いでいたのが、「ほめ育」の導入によってピタッと止まったのです。

同社は2010年1月に福岡営業所を開設して以来、2015年3月まで順調に業績を伸ばし続けていました。

ところが、2015年4月から7月まで離職者が相次いだのです。

その結果、人手不足で自販機の飲料水の補充が間に合わず、売り切れが続出し、売上が下がり続けていました。

そこで、2015年6月に「ほめ育」を導入。これによってスタッフの意識や行動が大きく変化し、社内の雰囲気も変わったことで、離職者が出なくなったのです。

さらに、スタッフから「自販機の売り切れゼロ」を実現するためのアイデアも積極的に出てくるようになり、それに伴って売上もV字回復したのです。

現在、同社は「売り切れゼロ」を徹底しながら、自販機の台数を増やし、売上4倍、人員4倍を目指しています。

## 4 人材採用に困らなくなり、採用募集費が減る

4つ目のメリットは、**人材採用に困らなくなり、採用募集費が減る**というものです。

前述したように、「ほめ育」を導入すると、スタッフが辞めなくなりますので、予定外の採用募集費が必要なくなります。

じつは、業界によっては、スタッフを一人雇うのに採用募集費が100万円以上かかるところもあります。

採用しても採用しても、スタッフがすぐに辞めてしまう企業の経営者の中には、「これでは採用募集費を払うために仕事をしているようなものだ」と愚痴る人もいます。それくらい予定外の採用募集費は重くのしかかっているのです。

しかし、「ほめ育」を導入すれば、そんな心配はなくなります。

実際、株式会社サンパークが運営する丸源ラーメン垂水《たるみ》名谷《みようだに》店では、「ほめ育」を導入して以来、ナイト帯のキッチン以外は募集をかけなくても営業できるようになったといいます。

具体的には、飛び込みの応募、お客様からの紹介、スタッフからの紹介だけで、毎月２名程度の採用ができているのです。

同時に退職者もほとんど出なくなりました。

ちなみに、この店の店長は、普段の店舗でのスタッフとの関わり方や、スタッフの定着率アップによる採用募集費の削減などが評価され、丸源ラーメンのＦＣ本部が行うファミリーコンベンションで最優秀ＦＣストアマネージャー賞を受賞しています。

コラム

## 経営者のための「ほめ育のススメ」③

今回の対談は、たねやグループCEOの山本昌仁さん。バームクーヘン革命を起こした「クラブハリエ」を経営し、菓子市場が縮小する中で創業140年の老舗和菓子屋「たねや」の増収増益を実現。昨今は、オーガニックへの熱意を具体化するため、製造から販売までを行う一大拠点として3万5000坪の土地を滋賀県に取得。人材難と呼ばれる現代において、毎年、多数の就職希望者が応募をしてくる現状である。今回は山本さんとの対談を通して、人が入ってきたくなる会社についてお伝えします。

**——御社の従業員育成の考え方をお聞かせください。**

現場に入っての実践に重点を置いています。2年目の従業員が、1年目の従業員を教える。社歴が長い従業員だと経験がある分、大枠でしか話せないところがあります。もっと掘り下げて教えるためには、2年生が教えることがベストです。学んだことを教える立場になってこそ、人は成長するもの。研修においては、2年生の従業員にとっても一番の教育だと思っています。

もう一つは会社での目標を持ってもらうことです。プロの職人を目指す、店長を目指す、部長を目指す、などの会社での目標がないと意味がありません。自分の目標に沿って進めていくことを入社当時から伝えています。

店長になったら店長になったで、いつまでもガミガミ言うのではなく、任せることが大事だとも教えています。弊社では支配人を中心にドラフト会議をして店長がどの従業員を引っ張りたいかを選んでもらいます。自分が選んだ人間なので、責任をもってその従業員を育ててもらいます。

上に立てば立つほど人の話を聞き、夢を語り、それを現実にすることが必要になってきます。たくさんの人がいて自分がある、その感謝の気持ちを持つのならば、自分が教えてもらったように次の人にも教える力を持たないといけません。教えても自分がそれ以上のことをすれば一歩成長できます。するとリーダーも部下も育っていきます。常に前を見ることを大事にしています。

これは会社の代々の考え方で、父から受け継ぎました。

――ほめることや、従業員の長所を伸ばす、という観点で取り組まれていることはありますか？

人には適材適所があって、それを理解するためには、その人のことをよく見ていかないといけません。よく知るためには仕事上の付き合いだけでは足りないので、私はできる限り時間を作って、一緒に食事をしたり、旅行に行ったり、バーベキューをしたりして、お互いのことを理解するようにしています。その中ではぶっちゃけ話も出てきます。会社の中では聞けない話なので、それも大切にしています。

私はどちらかというと仕事中は厳しく言う人間なので、そんな私がメールなどで「ありがとう」というと、とても喜んでくれたり、「この仕事やってて良かった」と思ってくれるみたいです。ただ、ほめるだけで〝なぁなぁ〟な関係になって、お兄さん役になってしまうリーダーは良くないと思っていて、オン・オフをしっかりとわきまえさせるようにしています。ほめることは大事ですが、何でもかんでもほめていたら「なんでもＯＫな会社」になってしまうので、ポイントを置きながら、みんなが言っていくことに重点を置いています。

――ほめる基準を明確にしてほめることは弊社にも通じるものがあります。最後に、人材採用で悩まれている経営者に対してのメッセージをお願いします。

絶対的な魅力がその会社にあるかどうか、ですね。弊社では半年に一度、社会に貢献する賞を獲った人を表彰する祭をしています。がんばったら評価されることを明確にすることで、翌年に入ってくる新人はそういう情報を知って、弊社に入ろうとしてくれるのです。そこに魅力があれば、人は集まってきます。それは会社も街も同じです。

**山本昌仁CEO●プロフィール**

1969年、滋賀県近江八幡市生まれ。1990年、株式会社たねやに入社。1994年、第22回全国菓子大博覧会にて最高賞「名誉総裁工藝文化賞」を24歳で受賞（最年少受賞）。2011年、たねや四代目を承継。株式会社たねや代表取締役社長、株式会社クラブハリエ会長に就任。2013年、たねやグループCEOに就任。

# 第4章

# ほめ育マネジメントの3STEP

## 1 ほめ育マネジメントに必要な3つのSTEP

では、「ほめ育」を導入するには、どのようにすればいいのかということについて、ご説明することにしましょう。

通常、「ほめ育」の導入は次の3つのステップで行います。

**①ほめる基準を作る**
**②ほめる風土を作る**
**③長所をぶっこ抜く**

ほめる基準とは、これまで何度も述べてきたように、スタッフがどういう行動をしたときにほめるのかという基準のことです。

この基準がないと、ほめるほうも何をほめていいのかわかりませんし、ほめられるほうも、何をすればほめられるのかがわかりません。

したがって、このほめる基準作りが、「ほめ育」導入の第一歩なのです。

次に行うのが、ほめる風土作りです。

もともと日本には「ほめる」という文化がなかったため、多くの日本人が面と向かってほめることを苦手としています。

ですので、リーダーに対して「ほめる基準を作ったので、今日からこの基準に従ってほめてください」と言っても、すぐにはうまくほめられないわけです。

また、ほめられるほうも、ほめられることに慣れていないため、突然ほめられても戸惑ってしまいます。

そこで、ほめるツールを使ったり、ほめる場を設けたりすることで、組織の中にほめる風土を根付かせていくのです。

そして最後が、長所をぶっこ抜くです。

ほめ育マネジメントは、スタッフの長所をお金に換えることですので、それを実現するためには、このステップが非常に重要になります。

スタッフ一人ひとりの長所を見つけ出し、それを伸ばして、お金に換えるのがこのステップなのです。

各ステップで具体的に何をすればいいのかということについては、次章以降で詳しく説明していきますが、本章では各ステップの概略についてお話ししたいと思います。

## 2 【STEP1】ほめる基準を作る

### ◎ほめる基準が必要な3つの理由

「ほめ育」導入の最初のステップは、ほめる基準作りです。

なぜ、ほめる基準が必要なのか？

その理由は前にも述べましたが、あらためて整理すると次の3つになります。

1つ目は、**安易に基準のない「ほめ」を導入してしまうと、組織が無法地帯になってし**

**まうからです。**

「ほめ育」を導入する目的は、甘い組織やなれあいの組織を作ることではなく、事業計画の売上目標を達成すること。

そのためには、それに直結する行動基準を作り、その行動を取ったスタッフをほめることが必要なのです。

2つ目は、**ほめる基準を作ることによって、上司と部下の間に共通言語ができるようになるからです。**

じつは、上司と部下は同じ日本語を話しているように見えても、実際にはお互いのことが理解できていません。

経営者とアルバイトでは働く目的がまったく違うことは容易に想像できると思いますが、上司と部下も同じようなものです。

そのような立場や価値観の違う人間が、一丸となって目標達成に向かっていくためには、どうしても共通言語が必要なわけで、その共通言語の役割を果たしてくれるのが、ほめる基準というわけです。

３つ目は、**ほめる基準があることによって、スタッフが成長しやすくなるからです。**

「ほめ育」では、ほめる基準を作る際、単純な基準ではなく、スタッフのレベルに応じた段階を設けるようにしています。

これによって、スタッフは何をすれば上のステージに上がることができるかが明確になるため、モチベーションが上がって成長が加速することになるのです。

## ◎本気で目標達成しようという覚悟はあるか？

「ほめ育」導入の目的は、事業計画における売上目標を達成することです。

ところが、同じように「ほめ育」を導入しても、目標が達成できる企業と達成できない企業があります。

その違いは何なのか？

私は、**経営者やリーダーの本気度の違いにあると思っています。**

経営者やリーダーに「なにがなんでも売上目標を達成するんだ！」という強い覚悟があ

る企業は、ほぼ目標を達成していますが、「目標はあくまで目標。達成できたらラッキー」という程度の甘い考えの企業は、まず間違いなく未達成で終わっているのです。

飛行機は、途中、強風が吹いても、雨が降っても、雷が鳴っても、ほぼ時間通りに目的地に着きます。

これはオートパイロットシステムが搭載されているから自動的に着くわけではありません。そこには、機長の天候の乱れに対応する努力と、絶対に時間通りに到着するという強い意志があったのです。

マネジメントも同じ。「ほめ育」というシステムを導入すれば、それで自然に目標が達成できるかというと、決してそうではありません。

天候の乱れのように、お客様が減ったり、スタッフが突然辞めたり、ライバル店が現れたりといった予期せぬことが起こります。

しかし、**それでも必ず目標を達成するという強いマインドを持ち、環境の変化に対応しながら目標達成に向けて取り組んでいける人が、目標達成できるのです。**

## ◎「今の若者は……」という言葉は、『万葉集』にも載っている

あなたは「今の若者は……」という言葉を口にしたことがありますか？

この言葉を口にするようになると、歳をとった証拠といえますが、じつはこの言葉は『万葉集』の中にも出てくるそうなのです。

つまり、いつの時代も、年配者は若者のことを頼りなく思っているということです。

実際、やる気がないように見える若者もいるかもしれませんが、経営者やリーダーはそれを嘆いていても仕方がありません。

ひと昔前であれば、人口が増えていたので、クビにしても代わりの人をすぐに雇うこともできましたが、今は少子化ですぐに補充することは難しい状況です。

しかも、この人口減少は今後も進み、10年後には日本の人口の3分の1が高齢者になることが予測されています。

つまり、**企業にとっては「人手不足・採用難・採用募集費の高騰」という黒船が、すぐ**

**目の前に迫ってきているのです。**

これに対応していくためには、**今いる若者を活用していくしかありません。**

これまで私は数多くの若者を見てきましたが、やる気のない人はいませんでした。やる気はあるけど、何をすればいいのかがわからないだけなのです。

あなたは部下に対して、「やり方は自分で考えろ！」と言っていませんか？

成果が出ないのを、部下のやる気のせいにしていませんか？

自分はこれくらいできたからと、部下に過度な期待をしすぎていませんか？

これでは今の若者たちはついてきません。

ゆとり世代の若者たちは、極端に失敗を恐れています。チャレンジして失敗して怒られるよりは、何もしないことを選ぶのです。

そういう若者を動かすためには、何をすればいいのかという基準を明確に示してあげることです。

そうすれば、若者たちは動き出します。もともとやる気はありますので、何をするのが正解なのかがわかれば、素直にそれに従うのです。

そういう意味では、ほめる基準は今の若者たちにとって、なくてはならない存在と言えるでしょう。

## ◎ほめる基準作りで注意すべきこととは？

ほめる基準というのは、スタッフに取ってほしい行動のことですが、これを考える際に注意しなければいけないことがあります。

それは、**その行動が事業計画における売上目標の達成につながっているかどうか**ということです。

たまに、上司が部下に取ってほしい行動を挙げる人がいますが、その行動が売上目標の達成につながっていなければ、その行動はほめる基準として採用すべきではないのです。

実際に基準を作る際は、これまでお客様に喜ばれた行動やお客様にほめられた行動をピックアップし、それを整理して体系化していきます。

なぜお客様を基準にするのかというと、現在繁盛しているお店や企業は、これまでずっとお客様に喜ばれることやほめられることをやり続けてきたから、繁盛店・繁盛企業になったからです。

つまり、そこに繁盛のポイントがあるのです。

あなたにとっては当たり前にやってきたことかもしれませんが、育った時代や環境の違う今の若者たちには当たり前ではないケースが多いのです。

ですので、基準を作ることで、これをすればお客様に喜ばれるんだということを部下に教え、その行動を取った部下をほめてあげる。

そうすることで上司と部下の行動のベクトルが一致し、目標に向かって一丸となって進んでいける強い組織になるのです。

ほめる基準の具体的な作り方については第5章でご紹介します。

## 3 【STEP2】ほめる風土を作る

### ◎ほめる風土作りが必要な理由

私の場合、子供のころから母親にほめて育てられたので、それが当たり前だと思っていました。

ところが、就職してみると、上司からほめられることはほとんどなく、上司から言われることはダメ出しばかり……。

このような会社は私のいた会社に限ったことではなく、多くの日本企業がこのような状況にあると言っても、決して過言ではないでしょう。

しかし、本当にそれでいいのでしょうか？

ダメ出しすることで、スタッフが育つと思いますか？

私は今の時代、ダメ出しによってスタッフを育てるのは難しいと思っています。それよりも、今の若い人たちはほめることで育っていくのです。

じつは、ほめることの効果はたくさんあります。

まず、ほめられると自信がつきます。自信がつくと、耐える力がつきます。実際、私は上司からボロカスに言われても、母親にほめて育てられたおかげで根拠のない自信があったため、耐えることができたのです。

また、ほめられることで、キレにくくなりますし、マイナスのことをプラスに変換する力もつきます。

今の若者たちは、ほめられることに飢えています。

だから、**まずは思いっきりほめてあげてほしいのです。**シャンパンタワーのように、あふれんばかりの愛情を注いであげてほしいのです。

とはいえ、これまで部下をほめたことのない上司に対して、いきなり部下をほめろと言っても難しいでしょう。

そんな状況の中で、ほめる基準を作ったとしても、それを使いこなすことができず、絵に描いた餅で終わってしまうことが容易に想像できます。

そこで、「ほめ育」を導入する企業に対しては、ほめる風土作りを半ば強制的に行ってもらうようにしているのです。

たとえば、上司は週に1回、必ず部下をほめるようにするといったことです。

どんなことでもそうですが、新しいことをやる場合は半ば強制的にやることが続けるコツであり、そうすることによって習慣化することができ、企業内にほめる風土を根付かせることができるからです。

また、組織の雰囲気が良くないと、絶対に良い仕事はできません。

マイナス言葉やネガティブな発言ばかりの組織では、スタッフのモチベーションが下がってしまいます。

そのような組織の雰囲気はお客様にも伝わりますので、売上ダウンにつながります。

したがって、そうならないためにも、ほめる風土を作って、ポジティブな組織にしていくことが必要なのです。

## ◎自分の弱みをさらけ出せるか？

ほめる風土を作るには強制的に始めることが重要ですが、それ以上に重要なのが、経営者やリーダーが本気で取り組むことです。

その本気度を示すのが、自分の弱みを部下にさらけ出せるかどうかです。

なぜ、弱みをさらけ出す必要があるのか？

それには2つの理由があります。

1つは、**本気で部下をほめられるようになるためです。**

自分が完璧な人間だと思っていたり、自分の若いころに比べたらまだまだだと思っていたりする人は、部下を本気でほめることはできません。

もし、ほめられるとしたら、それは上辺だけでほめているのであり、本心からほめているとは言えないでしょう。

しかし、自分の弱みがわかっていて、その部分については部下のほうが優れていると本気で思えるとしたら、「○○君のココはすごいね！　私にはとてもできないよ。私の弱みを埋めてくれてありがとう」と、素直にほめることができるはずです。

そのためには、自分の強みと弱みを自分の中で整理し、自分の弱みを知っておくことが必要なのです。

また、自分のことがわかっていれば、前にも書いたように、部下の長所を見つけ、その長所がぴったり当てはまる短所を自分に作り、それを部下に埋めてもらうこともできるようになります。

2つ目の理由は、**自分の弱みをさらけ出したほうが、人間的に魅力が出るからです。**

じつは、「ほめ育」を行う上では、「何を」ほめるかも重要ですが、「誰に」ほめられるかも重要です。

「あなたに言われたくない」「あなたにほめられてもうれしくない」と部下に思われてしまっては、「ほめ育」は終わり。

したがって、そうならないためにも、上司は自分の弱みを部下にさらけ出すことが必要なのです。

ちなみに、私の知り合いにスタッフ数３００人の会社の社長がいるのですが、その社長は自分の失敗経験を全スタッフの前で赤裸々に語っています。

また、自分の責任でスタッフに迷惑をかけたと思ったときは、全店舗を回って素直にスタッフに謝るのです。

このようなことをすると、スタッフにナメられてしまうのではと思う人もいるかもしれませんが、そんなことはありません。むしろ、スタッフから慕われ、信頼されて、「この人のためなら」と思われることになるのです。

ほめ育マネジメントが目指しているのは、「右向け右」のトップダウン型の組織を作ることではありません。

誰かの強みが誰かの弱みをカバーし合うジグソーパズルのような組織であり、全員が主役で、全員が戦力の組織です。

そのような組織を作るためには、トップが率先して自分の弱みをさらしていくことが必要といえるでしょう。

## ◎ツールと場を活用して習慣化する

ほめ育マネジメントでは、ほめる風土を社内に根付かせていくために、様々なツールと場を活用します。

私がおすすめしているのは、**「ほめシート」**と呼んでいるものです。

これについては第6章で詳しく説明しますが、ひと言で言うと、A4サイズの1枚の用紙に、部下への「ありがとう」と「ほめポイント」と「期待していること」を書いて渡すものです。

いたってシンプルなものですが、上司からほめシートをもらった部下は非常に感激し、がんばろうという気になるのです。

ほめシートを書く側の上司は、部下の顔を一人ひとり思い浮かべながら全員分のほめシートを書くことになるため、最初は大変です。

しかし、週に1回ほめシートを書いてミーティングの場で全員に渡すとか、月に1回書いて給料明細の封筒の中に一緒に入れて渡すということを義務付けていくと、やがてそれが習慣となり、社内に根付いていくのです。

このほかにも、ツールとしては、月報や週報、日報といった今あるツールを少し改良して使うこともできます。

場としては、ミーティング以外にも、朝礼や個人面談の場、部下との同行の機会などを活用することもできます。

## 4 【STEP3】長所をぶっこ抜く

### ◎知恵の輪は必ず解ける

最後のステップは、部下の長所をぶっこ抜くです。

これは、ほめ育マネジメントの目的である「スタッフの長所をお金に換えること」の最終段階と言えるわけですが、スタッフの長所をお金に換えるためには、まずは長所を見つけなければなりません。

ところが、長所を見つけるのが、じつはなかなか難しいのです。

あなたは知恵の輪をやったことがありますか？

解けないとイライラしてしまうものですが、途中で投げ出さずに何度も何度もカチャカチャやってしまうのは、知恵の輪というのは必ず解けるものだということがわかっているからでしょう。

じつは、部下の長所を見つけることは、知恵の輪に似ていると、私は思っています。

というのは、どんな人にも必ず長所はあると信じているからです。

それを見つけられないのは、**上司の努力が足りないのであって、その部下に長所がないわけでは決してないのです。**

知恵の輪が必ず解けるように、どんな部下にも必ず長所はある――。

このような前提に立って部下を見るようになれば、「こいつダメだなぁ～」から「こいつのいいところはどこだろう?」という目で部下を見るようになることでしょう。

## ◎いろんな角度から部下を見てみる

知恵の輪を解く場合、いろんなやり方を試してみないと解けないのと同じように、部下の長所を見つける場合も、一方向から見ているだけではなかなか見つけることはできません。

ときには、部下を上から見たり、下から見たり、前から見たり、横から見たり、後ろから見たりというように、あらゆる方向から見ることが重要なのです。

また、上司と部下という関係で部下と接するだけでなく、ときには友だち同士のような関係で部下と接してみることも必要でしょう。

なかなか成長しない部下に対しては、ついつい「どうして、できないんだ!」と言ってしまいがちですが、「どうすれば、できるようになるんだろうね」という言い方に変えてみたり、「○○のやり方を後輩に教えてやってくれるかな」と言ってみたりと、いろんな言い方で接してみることも重要でしょう。

部下の長所を発見するためには、部下の変化を待つだけでなく、上司も変わっていかなければいけないのです。

## ◎今週のMVPは誰？

部下の長所をぶっこ抜くために効果的な方法は、**今週のMVPや今月のMVPを決めてミーティングの場などで発表するという表彰制度を設けることです。**

なぜ、これが効果的なのかというと、この制度を設けることによって、部下は表彰されたくてこれまで以上にがんばるようになりますし、上司はＭＶＰを選ぶために部下の一挙手一投足に注意を向けるようになるからです。

実際、この制度を導入している企業では、このおかげで上司が部下のちょっと出た芽を見逃さずに「すごいよ！」とほめることができるようになり、部下は部下でそれが自信につながってさらに成長していくという好循環が起こっています。

ほかにもいろんなやり方がありますので、詳しくは第7章でお話しします。

コラム

## 経営者のための「ほめ育のススメ」④

今回の対談は、ノアインドアステージ代表取締役社長の大西雅之さん。大西さんが経営する「テニススクール・ノア」は、日本最大手のテニススクールとして関西・関東・中国地方を中心に全国9都府県22校を有し、現在生徒総数は約2万5000人。2014年の就活アワードにて「働きがいのある企業」「成長性の高い企業」の2部門を受賞、ベストモチベーションカンパニーアワード2013にて第3位入賞。経済産業省が主催した「おもてなし企業選50社」にも選出されている。今回は大西さんとの対談を通して、従業員を大切にすることがこれからの経営者になぜに必要か、お伝えします。

――「ほめ育」の価値や将来性を教えてください。

やはり「従業員を大切にする会社」ということに焦点を当てて、従業員にイキイキと働いてもらうために「ほめ育」は理に適ったやり方だと思います。従業員は行動をして、ほめられたら嬉しいもの。そのポイントをつき「売上の上がるポイントでほめるところを探す」ことを確立したのが、単に行動をほめることよりも価値が高いと思います。

その会社の風土もあるので、導入するには最初は違和感があるかも知れません。私自身も昔は、自分の指示通りやらせていたら業績は伸びるだろうと思っていました。でも、従業員に場を与え、彼らが育つ環境を作るのが経営者の役割です。経営者が「ほめ育」を理解し、従業員に幸せになってもらう想いが根本に必要です。

## ――従業員育成が御社の発展にどう寄与していますか？

従業員は、最初はお金のために働いていたとしても、お客様への気持ちや「一緒に働いている仲間を助けよう」という気持ちが芽生えたときに笑顔も良くなるし、ほめられたり、認められることで「もっとがんばろう」となる。

そういった従業員たちの心からの笑顔や、自発的に働いている様子はお客様にはすぐに伝わります。お客様の喜びに繋がる行動を見つけ、その行動を取ることで認められ、ほめられる。そしてそれがモチベーションに繋がっていく。「ほめ育」を通じて従業員育成が習慣化していけば、必ず売上に繋がると思って取り組んでいます。

――「ほめ育」が売上アップや離職率削減など、金銭的価値に繋がっている事例や兆しはありますか？

ちゃんと認めてもらえる風土が会社に充満していたら、辞める人は少なくなります。人が辞めるのはほとんどが人間関係です。今の弊社は、学校卒業や出産などのやむを得ない理由以外では、アルバイトスタッフも社員もほとんど辞めない状況になっています。採用も、従業員が〝いい人間〟になると、彼らが連れてくる新しい従業員の基準も〝いい人間〟なんです。それらのことでも充分に金銭的価値を感じます。

お客様から選んでもらえている「決め手の行動」が徹底しているところはお客様満足度も上がっていますし、好調な店舗は従業員同士の人間関係もいいですね。リーダー自身が「この人たちを幸せにしよう、輝かせよう」と思っている店舗は伸びますし、そこに「ほめ育」のロジックが入ってくると、さらに加速します。

――「ほめ育」に期待する役割は？

十数年前までは数字を見て経営をするスタイルでした。時代も良く、会社は黒字で推移していましたし、それなりに会社の規模も大きくなっていたので、そのままの経営スタイルでいいと思っていました。しかし、会社の成長とは逆に、従業員のモチベーションは下がって、「仕事は好きだけど会社は好きじゃない」という状態になっていました。

当時、「人を大切にする経営」を言っている経営者が少なかったように思いますが、ここ10年ぐらいで、人を大切にする経営者が増えてきて、私もようやく気付くようになりました。もちろん今もブラック企業と言われている会社はありますが、「従業員が一番大事」ということに焦点を当てて経営をやっていくと、会社が良くなって、従業員がイキイキと働けるようになる。「ほめ育」を通じて日本にそういう会社が増えていくと、日本ももっと良くなると期待しています。

**大西雅之社長●プロフィール**

1963年、兵庫県生まれ。兵庫県立神戸商科大学を卒業後、家業の日東社に入社。半年後、テニス事業の前任者の退職をきっかけに同事業へ配属となり、責任者とコーチを兼任する。インドア・テニス事業に転換後、成果主義の経営に限界を感じ、「従業員との対話」をキーワードに「ノアイズム」を明文化。従業員の声に常に耳を傾ける経営スタイルで、高い従業員満足度を維持し続けている。

第5章

# 行動基準を作らなければ目標達成はできない

## 1 目標は結果論ではなく、達成しにいくもの

「ほめ育」導入の目的は、事業計画における売上目標を達成することだということは、前にも述べたとおりです。

そして、経営者やリーダーに「なにがなんでも売上目標を達成するんだ！」という強い覚悟がなければ、目標達成はできないとも言いました。

もちろん、たまたま幸運が重なって目標が達成できることもあるでしょう。

しかし私は、**目標は結果論で達成するものではなく、達成しにいくものだと考えています。**

そして、**そのためのベストな手段が「ほめ育」なのです。**

富士山に登るルートがいろいろあるように、目標を達成するための手段もいろいろあります。

クレドカードもその一つでしょう。

たしかに、クレドカードはすばらしいと思います。しかし、クレドカードだけで十分かというと、私はそれだけでは足りないのではないかと感じています。

なぜなら、クレドカードはきれいすぎるからです。

富士登山にたとえるなら、クレドカードは自動車やバスであって、5合目まではそれで登れるけれども、そこから先の舗装されていない山道は自分の足で歩いていくしかありません。

そのときに必要なのが、絶対に頂上まで登るんだという強い意志と覚悟であり、さらに頂上にたどり着くための行動基準を細かく定めた「ほめ育」なのです。

## 2 目標設定に必要な2つのこと

目標は本気で達成しにいくものとはいえ、目標設定の仕方を間違えてしまうと、本気を出しても達成できなかったり、本気になれなかったりすることがあります。

それはどういう場合かというと、設定した目標が2つの要件を満たしていないときです。

では、その2つの要件とは何なのか？

それは、**「達成可能であること」と「計数可能であること」です。**

1つ目の「達成可能であること」とは、がんばれば達成できそうな目標であるということです。

たとえば、富士山を1時間で登るとか、100メートルを5秒で走るとか、マラソン初心者がフルマラソンを3時間で走るといったことは、どう考えても不可能なわけです。対前年比200％という売上目標も、業種によっては不可能かもしれません。

このような達成不可能な目標を設定してしまうと、最初からあきらめムードが漂ってしまってかえって悪い結果を招いてしまうのです。

「ちょっとがんばれば届く」ものから、「かなりがんばらないと届かない」ものまで、がんばりの幅はいろいろあると思いますが、いずれにしても届きそうなところに目標を設定しておくことが重要なのです。

2つ目の「計数可能であること」とは、結果や途中経過が数字で計れる目標であるということです。

たとえば、富士山にみんなで仲良く登るとか、フルマラソンを気持ちよく走るといった目標は、数字で計ることはできません。

しかし、富士山に8時間で登るとか、御来光を拝むために朝の6時までに富士山の頂上に行くという目標であれば、結果が数字で計れますし、途中経過も数字で把握することができるので、遅れ気味なのでペースアップしようといった調整が可能になります。

ビジネスにおける目標の場合は、本気で達成しにいくものである以上、なおのこと計数可能なものにする必要があるでしょう。

# 3 目標設定はトップダウンではなく、スタッフ主導で

目標は会社や上司から与えられるものというのが、スタッフの一般的な考え方でした。しかし、上から一方的に与えられた目標に向かって、「よし、がんばろう！」という高いモチベーションで取り組む人は、実際のところ、そんなに多くはありません。むしろ、そういう人はごく少数だと言っても過言ではないでしょう。

そこで「ほめ育」では、目標を作る際は、スタッフも巻き込んで一緒に作っていくことを推奨しています。

人は一方的に与えられた目標には、なかなか従おうとはしませんが、自分が当事者として企画段階から参加したものであれば、高いモチベーションで取り組むものだからです。

特に、個人の目標を設定する際は、そのスタッフの意見を取り入れることが重要です。

ただし、その際、「あなたはどうなりたいのか？」「あなたはどうしたいのか？」と質問

しても、なかなか理想の解答を導き出すことはできません。

では、どういう質問をすればいいのか？

それは、**「あなたが心がけていることは何ですか？」という質問です。**

たとえば、「今の仕事で心がけていることは？」「接客で心がけていることは？」といったように、心がけていることを聞くのです。

このような聞き方をすると、部下は自分のベストを答えます。

自分が今、それができているか、できていないかにかかわらず、自分が目指している理想の姿を答えるのです。

その理想の姿が、こちらの期待値を大きく下回っている場合は調整が必要となりますが、こちらの期待値と同じ場合は、それをそのまま目標にすることで、部下にとっては自分が立てた目標となり、高いモチベーションで取り組むことになるのです。

ほめる基準を作る場合も同様で、上司だけで考えるのではなく、部下の意見を聞くこともすごく重要です。

現場のことを一番よく知っているのは、毎日お客様と接している現場のスタッフですので、ほめる基準すなわちお客様にほめられる行動、お客様に喜ばれる行動を考えるにあたっては、現場スタッフの意見も聞くようにしましょう。

実際に聞いてみると、意外にたくさん出てくるものです。

## 4 未来予想図を作ろう

目標を達成するためにチームが一丸となって進んでいくためには、目標を達成したら自分たちはどうなっているのかという未来予想図を作ることが重要です。

これがあるのとないのとでは、目標達成の確率がかなり違います。

さらに、この未来予想図を映像化した場合、目標を達成する確率はグンと高まります。

実際、第3章で紹介したＩＴ関連商品の販売会社では、会社のビジョンを5～10分の映像にまとめ、それをスタッフに見せることで、売上目標を達成し続けています。

さらに、目標達成のモチベーションになるのが、前にも少し触れましたが、誰と一緒に目標を達成したいのかということです。

登山でも、誰と一緒に登るのか、頂上に着いたときに誰と一緒に喜び合いたいのかが重要なように、ビジネスにおいても「誰と」はすごく重要な要素なのです。

目標達成したら、一刻も早くチームを解散したいとか、チームから抜けたいと思うようなチームでは、いくら目標を作って、良い基準を作っても、目標達成をすることは難しいでしょう。

特に、今の若い人たちは、自分のことをほめてくれる人、認めてくれる人と一緒に仕事がしたいと思っています。

逆に、厳しいだけの人、すぐに怒鳴ったり怒ったりする人とは、一緒に仕事をしたくないのです。

その点、「ほめ育」は、人間関係の潤滑油であり、上司と部下の間の詰まったパイプの掃除役といえますので、「ほめ育」を導入すれば、上司と部下の関係だけでなく、スタッフ同士の関係もすごく良くなります。

その結果、まさにチーム一丸となって、目標達成に向けて高いモチベーションを維持しながら邁進していくことができるようになるのです。

## 5 基準作りは目標達成の設計図作り

よく「名選手は名監督にはなれない」と言われます。

なぜかというと、名選手は往々にして、自分はできるけれども、そのやり方を体系化してわかりやすく人に教えることができないからです。

自分は自然にできてしまっているので、それを人にどう説明したらいいのかわからないのです。

だから、プレーヤーとしては最高のパフォーマンスを発揮できるけれども、マネージャーとしては選手を育てて、選手に結果を出させることはなかなか難しいというわけです。

じつは、ビジネスも同じで、目標達成の仕組み、売上を上げる仕組みが体系化できていなければ、部下に教えることはできませんし、部下の能力を最大限に引き出すこともできません。

逆に言うと、**部下に結果を出させるには、体系化された仕組みが必要なのであり、ほめる基準作りはその設計図作りなのです。**

しかも、その基準は一度作ったら終わりではなく、時代の変化に合わせて変えていく必要があります。

なぜなら、経済の風は日々変化していますので、その変化に対応していかなければいけないからです。

自分たちのやり方は正しいのか？

時代に合っているのか？

こうしたことは、目先のことだけを見ていては、なかなか判断できませんので、ときどき俯瞰《ふかん》して見るくせをつけるようにしましょう。

また、会社が成長し、お店が繁盛していくにしたがって、ほめる基準も上げていく必要があります。

なぜなら、繁盛企業、繁盛店になるにつれて、お客様の期待値も高くなっていくからです。これまでは10段階の7くらいでも満足していたのが、10じゃなければ満足しなくなるのです。

さらに、会社やお店の成長とともに、目標も上げていく必要があります。

特に、今の若者は成長したいという気持ちが強く、成長を実感できないとすぐに辞めてしまう傾向があります。

したがって、ときどき目標を見直すことで、スタッフが成長を実感できるようにしてあげましょう。

## 6 KGIとKPIをフル活用する

ＫＧＩとＫＰＩという言葉を聞いたことがあるでしょうか？

じつは、これは2つともマネジメント用語で、経営者や経営陣が従業員に対して、「目標を達成するための行動が行われているかどうか」を定期的、定量的に測定する指標のことです。

人種も文化も宗教も環境も考え方も違う人たちが集まるアメリカ企業において、上司と部下が同じ目標に向かって進み、目標達成を確実なものにするために、なくてはならない指標となっています。

では、ＫＧＩ、ＫＰＩとは何なのか？

ＫＧＩとは「Key Goal Indicators」の略で、上司が部下に「ここを目指しなさい」というゴールを示すことです。

一方、ＫＰＩとは「Key Performance Indicators」の略で、ゴールを目指すためにどういう行動を取るのかを、上司と部下が共有することです。言い換えれば、目標を達成するための具体的な行動を設定するということです。

なぜ、この2つが必要なのかというと、**評価する人とされる人との間にはミスマッチが生じるからです。**

評価する側の上司にとっては、部下の行動をすべて把握し、逐一チェックすることは現実的には不可能です。ですから、部下を評価するときの基準となるのは、部下が出した結果しかありません。

一方、評価される側の部下にとっては、結果が目標に達したか達しなかったかにかかわらず、その過程（行動）にも注目してもらいたいものです。

つまり、上司と部下の間には、どうしてもこのようなギャップが生じるわけで、それを埋めてくれるのがKGIとKPIというわけです。

上司がKGIで目標と期待を設定し、部下がKPIで期待に応えるという構図がしっかりとあることで、お互いに不公平に感じることがなくなるのです。

すでにアメリカでは多くの企業がKGIとKPIで、上司と部下が契約を結んでいます。

日本でもこれらを取り入れる企業がすでに出始めており、今後は日本もアメリカのようにKGIとKPIが一般的になっていくと思います。

かつて、日本には「言わなくてもわかるだろう」が通用した時代がありましたが、今後は世代間のギャップや外国人労働者の流入、日本企業の海外進出などによって、「言わなくてもわかるだろう」は通用しなくなります。

そんな時代がすでに到来しつつある今、上司と部下が共通言語を持って、同じ目標に進んでいくためには、KGIとKPIは必要不可欠な仕組みといえるでしょう。

## 7 「〇〇十訓」を作ろう

朝礼などの場で、経営理念をみんなで唱和している企業を見るたびに、思うことがあります。

それは**「経営理念よりも『〇〇十訓』を唱和したほうがよっぽど効果があるのに……」ということです。**

○○十訓というのは、先ほどのＫＧＩとＫＰＩを使って、10通りの行動基準を作成したものです。

たとえば、宅配ピザの会社、ピザーラでは、ポスティングにおける行動基準を10個にまとめた「ポスティング十訓」なるものを作成。それを毎日みんなで唱和することで、売上アップを実現しています。

それまで同社では、ポスティングを業者に頼んでいましたが、業者はほかのチラシと一緒に入れるし、住民と会っても挨拶もしないので、スタッフがまかなければダメだということになったのです。

ところが、ポスティングを面倒がって、自分のノルマの分をコンビニのゴミ箱に捨てるスタッフも出てくる始末。

そこで、同社はいかにきちんと配るかという行動目標を考えることにしたのです。

まずチラシをまく地域をスタッフごとに割り当てました。その地域から注文が入れば、誰がチラシをまいたのかがわかるようにするためです。

その上で、ポスティング中に住民と会ったら、帽子を取って「こんにちは、ピザーラです！」と挨拶するとか、チラシを入れる向きを決めるとか、子供がいたら「お母さんに渡しておいて」と声をかけるといったことを決めていったのです。

そして、決めた行動項目を一生懸命やった結果、ポスティングしたチラシの枚数と売上が比例して上がるようになり、「ポスティングを制する者が、ピザーラの売上を制する」と言われるほど、チラシの効果が出るようになったのです。

その行動項目がピザーラの「ポスティング十訓」で、これを毎日みんなで唱和することで、成果を出し続けているのです。

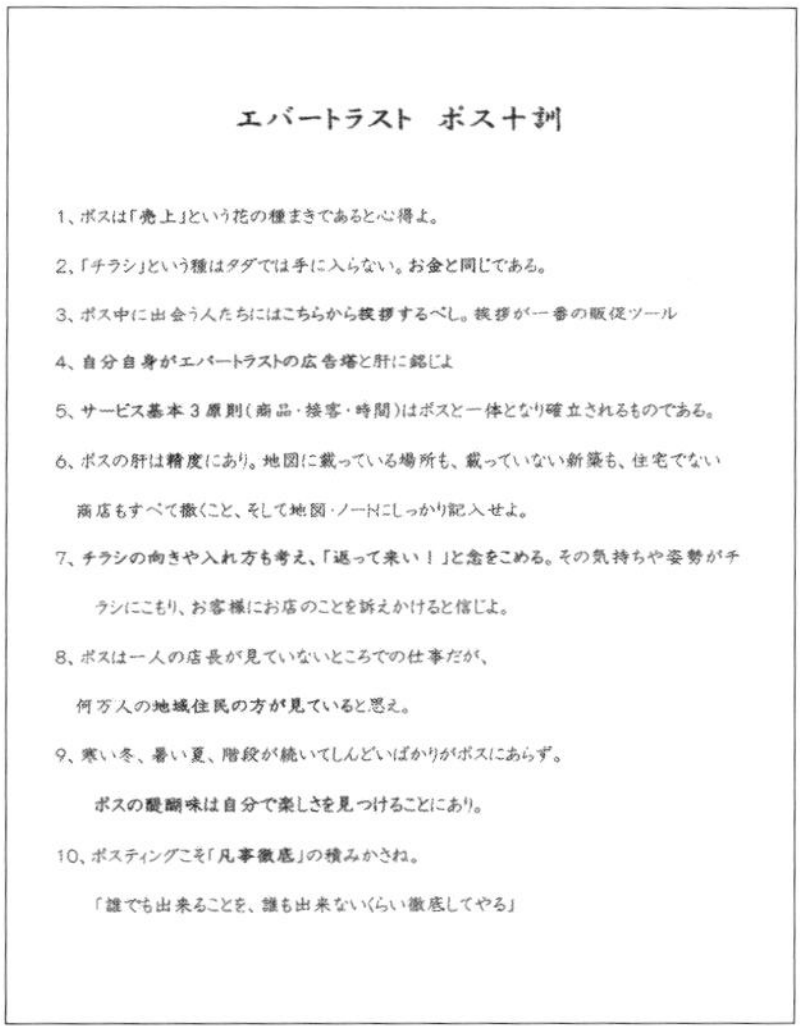

エバートラスト　ボス十訓

1、ボスは「売上」という花の種まきであると心得よ。

2、「チラシ」という種はタダでは手に入らない。お金と同じである。

3、ボス中に出会う人たちにはこちらから挨拶するべし。挨拶が一番の販促ツール

4、自分自身がエバートラストの広告塔と肝に銘じよ

5、サービス基本３原則（商品・接客・時間）はボスと一体となり確立されるものである。

6、ボスの肝は精度にあり。地図に載っている場所も、載っていない新築も、住宅でない商店もすべて撒くこと、そして地図・ノートにしっかり記入せよ。

7、チラシの向きや入れ方も考え、「返って来い！」と念をこめる。その気持ちや姿勢がチラシにこもり、お客様にお店のことを訴えかけると信じよ。

8、ボスは一人の店長が見ていないところでの仕事だが、何万人の地域住民の方が見ていると思え。

9、寒い冬、暑い夏、階段が続いてしんどいばかりがボスにあらず。ボスの醍醐味は自分で楽しさを見つけることにあり。

10、ポスティングこそ「凡事徹底」の積みかさね。「誰でも出来ることを、誰も出来ないくらい徹底してやる」

ポスティング十訓

では、なぜ唱和することが成果につながるのか？

それは、毎日唱和することで、スタッフの意識の中に刷り込まれ、ポスティングを行う際に、自然とその行動が出るようになるからです。

このような「○○十訓」も、ほめる基準作りの一つですので、参考にしてみてください。

## 8 ほめる基準の定番・ロジックツリー

ほめる基準作りにはいろんなやり方があるのですが、もっともベーシックで、ほめる基準の定番ともいえるのが**「ロジックツリー」**です。

ロジックツリーとは本来、あるテーマについて掘り下げたり、原因を探ったりするために、階層のツリー状にして考える思考ツールで、ロジカルシンキングの基本的な手法のことなのですが、これを活用して「売上アップにつながる具体的な行動」を一覧表にしたのが、「ほめ育」流のロジックツリーです。

つまり、この一覧表がほめる基準となり、これを見れば、上司は部下のどんな行動をほめればいいのか、部下はどんな行動を取れば上司にほめられるのかが、一目でわかるようになるというわけです。

まずは、136・137ページをご覧ください。

これは売上アップを目的としたロジックツリーのサンプルです。これを作成する場合、一番左に「売上アップ」の要因、今回であれば「顧客数」と記入します。それを起点としてどんどん枝分かれさせていきます。

具体的には、「大項目」「中項目」「小項目」の順に枝分かれし、最後は「小項目」に一対一で対応する形で、「企画内容」と「行動実践内容」という2項目が来ることになります。

つまり、ロジックツリーを作る作業は、**売上アップという目的を具体的な行動に落とし**

**込んでいく作業だというわけです。**逆に言うと、**このロジックツリーで出てきた行動は、すべて売上アップに直結しているということです。**

ロジックツリーの具体的な作り方については、拙著『やる気と笑顔の繁盛店の「ほめシート」』（ディスカヴァー・トゥエンティワン）に詳しく書いてありますのでそちらをご参照いただくとして、ここではロジックツリーを作る際のポイントについて、簡単にご紹介しておきましょう。

## ◎スタッフも巻き込んで一緒に作っていく

先ほど「目標を作る際は、スタッフも巻き込んで一緒に作ると当事者意識が生まれる」と書きましたが、ロジックツリー作りにおいても同じことが言えます。

したがって、ロジックツリーを作る際も、上司だけで考えるのではなく、現場のスタッフも巻き込んで一緒に作っていくことをおすすめしています。

ただし、最初から現場のスタッフも含めた全員で作ると、収拾がつかなくなります。

ですので、中項目までは店長や幹部クラスの人間だけで考え、ある程度の骨格を作ってから、小項目以下については現場のスタッフの意見も聞きながら一緒に作っていくことをおすすめします。

## ◎最初から完璧を目指さない

136・137ページのロジックツリーを見て、項目の多さに一瞬、「作るのが大変そう！」と思った人も多いのではないかと思います。

実際、売上アップにつながる行動を一つひとつピックアップしていくわけですから、大変な作業になります。

しかし、ロジックツリーは作ることが目的ではなく、これを使って売上をアップさせることが目的です。したがって、**完璧なものができるまで活用しないというよりは、多少不完全であったとしても、できたものからどんどん活用し、スタッフに売上アップにつながる行動を取ってもらうことが重要なのです。**

| | 行動実践内容 |
|---|---|
| | リスト作成作業と訪社日程の目標を立てて、確実に数をこなす。 |
| | 当社の差別化された魅力をアピールできるツールを作成し、持参する。 |
| | 印象的な名刺を用意し、短時間で自社の強みを紹介できるトーク術を磨く。 |
| させた集客戦略を立てる。 | 統計を取り、より確率の高い戦術に絞り込んで行く。 |
| 伝する。 | プレスリリースなどを上手く利用する。 |
| ト集めで見込み客を集める。 | 出席・展示するイベントのリストを作り、計画的に参加する。 |
| 仕組みを考える。 | 顧客別定期訪問のリストを作成し、確実にこなす。 |
| て、継続受注する。 | 顧客の主担当と懇意になり、案件情報を頂き、営業担当と詰める。 |
| ついて情報を入手する。 | 顧客への定期訪問を厚くし、親密な関係を築くことに力を入れる。 |
| | 顧客にとって有効な新しい情報を訪社してタイムリーにお届けする。 |
| 信する。 | 顧客にとって有効な新しい情報をメルマガなどでタイムリーにお届けする。 |
| | 年に1〜2回、当社主催のパートナー交流会を開催する。(A) |
| 復活に結びつける。 | 休眠顧客のリストをまとめ、伝える内容を事前に用意しておき、電話で挨拶を行う。 |
| に結びつける。 | 休眠顧客のメアドグループをまとめ、メルマガを定期的に発信する。 |
| 復活に結びつける。 | 休眠顧客の住所録リストを作成し、資料を発信し、フォローも行う。 |
| 問して再注文を促す。 | 休眠顧客のリストをまとめ、年間計画の中で訪問を行う。 |
| 識する。 | 行きやすい会社ばかり訪問するのではなく、満遍なく訪問するように努力する。 |
| を訪問してお届けする。 | 休眠顧客が欲しい情報をまず入手する。 |
| を各種手段でお届けする。 | 休眠顧客の最近のニーズを知り、それにマッチする新情報を提案する。 |
| 仕事ネタを拾う。 | 年に数回、当社主催のパートナー交流会を開催する。(A)と合流。 |
| る。 | 紹介用のツールを準備する。インセンティブを準備する。 |
| | 紹介用のツールを準備する。インセンティブを準備する。 |
| | 紹介用のツールを準備する。インセンティブを準備する。 |
| | 紹介の仕方マニュアル作成〜ロープレレッスンを行う。インセンティブを準備する。 |
| | 週に1回現場責任者と営業担当者が情報交換する。 |
| 作る。 | 案件獲得に向けた提案数に応じて、社員を評価する報酬制度を作る。 |
| スタッフの勉強会を行う。 | 定期的に案件獲得勉強会を行う。 |
| せる仕組みを作る。 | どこで誰からどんな情報を耳にしたか、新規開発案件ネタを報告評価できる報酬制度を作る。 |
| 精査する。 | 集まった案件ネタを精査して、ターゲット案件を決定する営業会議を行う。 |

## ■システム会社の売上に繋がるロジックツリー

| 〈大項目〉 | 〈中項目〉 | 〈小項目〉 | 企画内容 |
|---|---|---|---|
| 顧客数 | 新規顧客 | 訪問による会社案内 | 対象会社のリストアップとアポを確実に取る。 |
| | | | 自社の紹介用ツールを準備する。 |
| | | 交流会等でのアピール | 懇親会等で名刺交換を積極的に行う。 |
| | | SNSを使った新規誘い込み | ホームページ、ブログ、メルマガ、SNSなどのツールを連動 |
| | | メディア利用による商品案内広告 | 新聞・雑誌類で当社の仕事内容や自社商品を宣 |
| | | イベントでの集客 | 展示会・セミナー等のイベント企画での名刺集めやアンケー |
| | 既存顧客 | 継続・リピート | 継続取引をして頂くための定期的なフォローの |
| | | 他案件の引き出し | 現在作業中のお客様から新しい案件を引き出し |
| | | 現場訪問による聞き取り | 当社営業が現場窓口のお客様を訪問し、次の案件に |
| | | 提案を行う | IT提案、指導、相談を積極的に行う。 |
| | | 既存顧客へ情報発信 | メルマガなどで業種・業態に合わせた情報を発 |
| | | 既存顧客とのイベント開催 | 交流の中から新しい仕事ネタを拾う。 |
| | 休眠顧客 | 休眠顧客への情報発信 | 電話でお客様の近況を伺い、当社の状況を伝え、 |
| | | | メールマガジンを送り、当社の状況を伝え、復活 |
| | | | 休眠顧客用に配送物を作り、当社の状況を伝え、 |
| | | 休眠顧客への訪問 | 案件終了後に顧客リストを作成しておき、時々訪 |
| | | | 案件取得の確率は訪問件数に比例することを認 |
| | | | 休眠顧客に合った新しいシステムを見つけ、その情報 |
| | | 休眠顧客へのシステム提案 | 休眠顧客に合った新しいシステムが見つかれば、その情報 |
| | | 休眠顧客とのイベント開催 | 会社主催の交流会に来て頂き、その中で新しい |
| | 紹介顧客 | 新規顧客からの紹介 | 新しく取引が始まった新規顧客に紹介をお願いす |
| | | 既存顧客からの紹介 | 既存顧客に紹介をお願いする。 |
| | | 休眠顧客からの紹介 | 休眠顧客に紹介をお願いする。 |
| | | 社員からの紹介 | 社員に紹介をお願いする。 |
| | 納品後の紹介 | メンテナンス部隊に聞き取り活動 | 現場リーダー、現場チームとの情報交換会を行う。 |
| | | 社員からの提案数 | 社員からの開発拡大提案を聞き入れる仕組みを |
| | | 現場スタッフへの活動促進 | どのように活動すれば案件情報を取得できるか、現場 |
| | | 現場スタッフからの案件情報量 | 現場スタッフが掴んだ新しい案件情報を報告さ |
| | | 案件情報の精査 | どの案件をターゲットとするか、集まった情報を |

使っているうちに新たな項目を思いついたら、そのときに追加すればいいですし、行動があまり効果を発揮しなければ、より効果的な行動に差し替えていけばいいのです。

また、小項目はあるけれど、具体的な行動が出てこなかった場合は、そこだけ空白にしておいて、出てきたときに記入するので十分なのです。

## 9 ロジックツリーをチェックリストと連動させた行動目標チェックリスト

先ほどのロジックツリーは、売上アップにつながるスタッフの行動を一覧表にしたものでしたが、これをチェックリストと連動させることによって、より効果的に活用することができます。

具体的には、たとえばその月の重点行動目標として、ロジックツリーの「行動実践内容」の中から10～15項目をピックアップし、それができたかどうかを、毎日5段階評価でチェックしていくというものです。

これを**「行動目標チェックリスト」**と呼んでおり、実際には142・143ページのようなものになります。

人間が誰でも持っているそれぞれの長所を、繁盛企業をつくることに変換するためのツールがこの行動目標チェックリストであり、個々の長所を利益に変換するマネジメント力があれば、国籍も年齢も問わず、すべての人材を店の戦力にすることができるのです。

この行動目標チェックリストの特長は、新人スタッフが入店したその日から、**「何をするべきか」が明確に示されていることと、同時にそれが「ほめる基準」として位置付けられている点**にあります。

スタッフは全員、始業前にこの行動目標チェックリストを見て、やるべきことを確認してから仕事に臨み、終業後に自己採点をします。

そして、単に自分の1週間を振り返ってみて、この行動ができたかどうかをチェックするだけでなく、1カ月に一度「良かった点」や「来月の抱負」を具体的に50文字以上で書き込んでいきます。

良かった点を書く欄があることで、上司が部下を自分の言葉でほめることができますし、来月の抱負を書く欄を設けることで、部下の成長を促すこともできるように設計されているのです。

こうした自己評価と振り返りに対して、上司は「ありがとう！」「成長した！　好感が持てる！」「期待していること」の3つの項目で各スタッフにしっかりとフィードバックします。

さらに、このフィードバックは個々人に対して行うだけでなく、スタッフ全員が共有できるように、ミーティングで発表したり、控え室に張り出したり、ファイルにして閲覧できるようにするといいでしょう。そうすることで、ほかのスタッフの行動もよく見るようになり、相互の成長が期待できるようになるからです。

ロジックツリーで売上につながる行動を明らかにし、その行動を取ったスタッフをほめるだけでもかなりの効果が期待できるものですが、さらにこれをチェックリストと連動させることによって、さらなる効果が期待できるというわけです。

また、この行動目標チェックリストは、部署やお店で共通のものを1つ作ってメンバー全員でそれに取り組むというやり方もありますが、スタッフのランクごとに内容の違ったものを作成するというやり方もあります。

行動目標チェックリストの作り方については、拙著『売上が上がるほめる基準』（商業界）で詳しく説明していますので、そちらをご参照ください。

## 10 ハイパフォーマーの行動特性・コンピテンシー表

最後に、ほめる基準のツールとして、もう一つご紹介しておきたいと思います。

それは**「コンピテンシー表」**と呼んでいるものです。

コンピテンシーとは、「ハイパフォーマーの行動特性」という意味で、簡単に言うと、成果を出しているスタッフは、縦軸の評価項目ごとにこういう行動をしている（こういうことができる）というものです。コンピテンシー表は次の4ステップで作ります。

【1】: 全然できなかった　【2】: あまりできなかった
【4】: まぁまぁできた　【5】: 完全にできた
※5点満点で記載して下さい（3点はありません）

名前：

| | ／ ～ ／ | ／ ～ ／ | ／ ～ ／ | ／ ～ ／ | |
|---|---|---|---|---|---|
| | 第1週目 | 第2週目 | 第3週目 | 第4週目 | 合計 |
| | | | | | |
| | | | | | |
| | | | | | |
| | | | | | |
| | | | | | |
| | | | | | |
| | | | | | |

| 〈○○からのフィードバック〉　※具体的に50文字以上で記入 | |
|---|---|
| 「ありがとう!」 | |
| 「成長した!」<br>「好感が持てる!」 | |
| 期待していること<br>（来月クリアして<br>欲しいこと） | |

## ■【※見本】行動目標チェックリスト（1カ月目〜）

| 行動目標項目 | お客様がまた来たくなる、紹介したくなるような<br>お店づくりを目指して、実践しましょう! |
|---|---|
| カテゴリー | セリフ&アクション |
| 入店時の挨拶 | 入店時、お客様がドアを開けてから3秒以内にお客様を見て、<br>一体感のある元気な「いらっしゃいませ」を言う |
| | おしぼり提供時に名札を指差し「本日はご来店ありがとうございます。私、ホール担当の○○がお伺いします」と元気よく笑顔で言う |
| | テーブル担当は、担当するお客様が入店されてから退店されるまでの間に合計2秒アイ・コンタクトをする |
| 退店時の挨拶 | 退店時、お客様がお立ちになったら、お客様のほうを見て元気よく<br>「ありがとうございました。またのお越しをお待ちしております」 |
| | お店を出られる時は扉まで行き、感謝を込めてお見送りの挨拶をする。次回予約がある場合は「○月△日にお待ちしております」 |
| | 出口では、お客様の姿が見えなくなるまでお見送りする |

| 〈今月の自分を振り返ろう〉 ※具体的に50文字以上で記入 | |
|---|---|
| これはちゃんとできていた | |
| 来月はこれをがんばる | |

## ①評価段階を決める

まずは評価段階を決めます。評価段階とは、評価の対象となる段階のことで、たとえば「新人」「先輩」「リーダー」「幹部」「経営陣」といったものです。

会社によっては、5段階ではなく6段階のところもあると思いますので、その場合は会社の事情に合わせて設定してください。

## ②評価項目を決める

次は評価項目を決めます。評価項目とは、各段階の人を何で評価をするのかという項目のことです。

たとえば、新人であれば「素直さ」「約束を守る」「コミュニケーション」「時間管理」「積極性」「仕事の自己完結」の6つになりますし、先輩であれば「技術習熟」「チームワーク」「結果への責任」「後輩育成」「自己啓発」「人間関係好転」の6つです。

項目数は、だいたい6つぐらいが妥当でしょう。

### ③ディクショナリーを作る

ディクショナリーとは定義と目的のことで、これを明確にするのが３つ目のステップです。先ほどの評価項目を一つひとつ定義づけていきます。

たとえば「素直さ」といっても、人によって受け取り方が違いますので、誰が見てもその言葉の意味が同じになるようにしておく必要があるのです。

### ④評価シートを作る

最後のステップは評価シート作りです。

６つの評価項目ごとに、７段階に区分した行動要素を作成していきます。これを読めば自分がどの段階にいるのかがわかるように、具体的に書くことがポイントです。

こうして作成した段階別のコンピテンシー表を１４８～１５７ページに載せておきましたので、ぜひご参照ください。

ちなみに、これは約60社の中小企業の経営幹部の方々にご協力いただいて作成したものです。したがって、どの業種でも使えると思いますので、これをそのまま使っていただいても結構です。

このコンピテンシー表の基本的な使い方は、まず部下にこの表を渡し、今の自分がどれくらいできているかを自己採点してもらいます。

これをすることで、上司が言いたいことや自分のやるべきこと、さらには自分の長所や短所が、この1枚のシートで見えてくることになります。

一方、上司も同じシートで部下を評価し、部下の自己評価と上司の評価があまりにもかけ離れている場合は、面談の中で上司がその点数をつけた根拠を説明します。

そして、上司は部下がより上に行くためにはどうすればいいかをアドバイスします。このとき、上司はダメ出しをするのではなく、親身になってアドバイスをすることがポイントです。

このコンピテンシー表があると、**部下は何ができるようになれば上のステップに行くことができるのかが明確になりますので、モチベーションが高まることになります。**

上司にとっても、この表があることで、いちいち口で説明しなくてもすむようになります。

さらに、スタッフの成長の階段を用意してあげることになるため、無理なく部下を上のステップへと導いてあげることができるようになるのです。

所属（　　　　　　　　）氏名（　　　　　　　　）記入日（　　　　　　　　）

| 2<br>積極的／<br>自らできる | 3<br>主体的／自ら行動し、周りに好影響を及ぼす | 4<br>創造的／<br>新しいものに挑戦 | 5<br>利他的・育成的／<br>利他的かつ育成的 | 評価点 |
|---|---|---|---|---|
| 積極的に人の話を受け入れ、自ら聞きに行く姿勢がある。 | 素直な姿勢に優れ、周りに好影響がある。 | 多くの人と積極的に関わり、思いやりもある。素直な姿勢で学んだことを行動に移すことができる。 | 利他の精神をもち、思いやり・素直な姿勢が周りに良い影響や感動を与えている。 | |
| 行動リスト・手帳等のツールを使用して、約束・期日を積極的に守ろうと努力する。 | 約束履行を自分に徹底する姿勢と行動がみられ、周りに信頼感を与えている。 | 相手のスケジュール・事情・要望を中心に考え、高い柔軟性をもって約束が履行できるように行動する。 | 約束に対して、相手を思い常にフォローアップができ、確固たる信頼関係を築いている。 | |
| 積極的に元気な挨拶ができる。<br>積極的にマニュアルを使って報連相ができる。 | 心のこもった笑顔で挨拶ができる。<br>適時に、相手が理解し易い報連相ができる。 | 心のこもった笑顔で挨拶ができ、相手に元気を与えている。<br>常に相手を深く理解し、より質のいい報連相ができるような意見が言える。 | 全ての人に心のこもった笑顔で挨拶ができ、相手に感動を与えている。<br>理想の報連相を追求し、報連相を通して、他者との確固たる信頼関係を築いている。 | |
| 行動リストや日報、手帳を使い、時間の配分・有効活用の実現に向けて努力している。 | 生産性を考えて仕事に優先順位をつけて時間を有効活用しており、周囲の模範となっている。 | 無駄な仕事・時間を削減し、より集中して行動する時間を増やそうとしている。また目先の事柄だけに捉われず、広い視野をもって長期プランニングができる。 | 生産性の高い時間管理を追求する。またその相乗効果で、周囲の成長に貢献している。 | |
| 失敗を恐れず、自主性をもって積極的にチャレンジしている。 | 周りの期待値を上回る成果を出し、それに喜びとやりがいを見出している。自らの担当範囲を超えて、組織全体のために行動する意識を持っている。 | 自分の目標を明確に持ち、目標達成のため、独自能力を発揮し努力し続けている。 | 物事に取り組む姿勢が周りに好影響を与えている。 | |
| 困難な仕事にも、積極的に取り組む姿勢がみられ、ほとんどの仕事を期限内に完結させている。 | 期日を厳守し、仕事の完成度にムラがない。 | 仕事の成果・結果に至るプロセスを見直し、より高いレベルの仕事ができるように工夫している。 | 相手から見た満足基準を設け、常に高い品質の仕事達成を心掛け、さらなる高いレベルを目指して努力している。その姿勢が模範となって、組織に好影響を与えている。 | |

## ■〈コンピテンシー〉 評価項目一覧表（新人）

| 評価項目（方針・理念） | ディクショナリー | -1 阻害的／害になる | 0 無関心／存在感なし | 1 受動的／言われたことはできる |
| --- | --- | --- | --- | --- |
| **素直さ** | 思いやりを持って、自己中心にならず、教えられたことを素直に受け入れる姿勢を持つ。 | 自己中心的で否定的な姿勢を持つ。 | 人の教えを無意識に聞く。 | 教えられたこと・言われたことは素直に聞く。 |
| **約束を守る** | 約束の時間、約束の期日など約束は必ず守り、信頼関係を築いている。 | 約束の時間・期日を守ることができない。 | 約束を守ることの重要性を十分に理解せず、主観的に判断して、突然に予定変更することがある。 | 約束を守ることの重要性を理解し、決められた約束は、機械的に守ることができる。 |
| **コミュニケーション** | 挨拶、報連相（報告・連絡・相談）など他者へのきっちりした意思伝達ができ、相手を深く理解しようとする姿勢を持っている。 | 挨拶・報連相ができず、意思伝達を図らない。 | 人から声を掛けられると挨拶(会釈)ができる。自分の困ったことしか報連相しない。 | 声を出した挨拶ができる。マニュアル通りに報連相はできる。 |
| **時間管理** | 時間の有効活用、優先順位をわきまえての一日の時間配分などがきっちりできている。 | 時間を無駄に使ってサボっている。 | 仕事に時間という制限があることを考えていない。 | 日常生活・業務の流れを理解しており、決められた規則・手順に則って段取り（時間管理）することができる。 |
| **積極性** | 自分の持っている力を出し惜しみすることなく、失敗を恐れず、自主性をもって積極的に仕事に取り組んでいる。 | 自ら行動しないことにより他の人々に迷惑を掛けている。 | きっかけを与えれば行動を起こすが、興味・関心がなければ自ら行動することはない。 | 自分の担当・責任範囲内で、求められる規則・手順に則って行動する。 |
| **仕事の自己完結** | どんな仕事も諦めず、責任感と最後までやり通す意思をもって取り組んでいる。 | 仕事を途中で放り出している。 | 簡単な仕事は完結できるが困難な仕事はすぐ人に頼る。 | 言われた仕事・決められた仕事は時間が掛かっても完結させている。 |

シーケン社　提供

所属（　　　　　　　）　氏名（　　　　　　　）　記入日（　　　　　　　）

| 2<br>積極的／<br>自らできる | 3<br>主体的／自ら行動し、<br>周りに好影響を及ぼす | 4<br>創造的／<br>新しいものに挑戦 | 5<br>利他的・育成的／<br>利他的かつ育成的 | 評価点 |
|---|---|---|---|---|
| 絶え間ない、技術修練を行っている。 | 他人から信頼される技術を身につけており、他人に教えることもできる。 | 身につけた技術の応用を活かし、実践の中で新たな技術開発ができる。 | 組織の中で、自分が身につけている技術がどのような効果をもたらしているかを理解し、周りが同品質の技術が身につくシステムを創ることができる。 | |
| チームメンバーがいたわり支えあえる雰囲気を創ることができる。 | 自分の立場を理解し、チームが一つの方向に向けて成果が上がるよう努力する。 | 新たな環境へ飛び込みチームを創り上げることができる。 | チームが組織の中で負っている役割を理解し、チーム同士の連携を創り上げることができる。 | |
| 最善のコンディションで仕事をやり遂げ、その結果に対して責任を負おうとする。 | プロとしての誇りを持ち、仕事をやり遂げ、組織に効果をもたらす結果を出す。 | 仕事に対し成果を出すが、さらにより良い成果を出すための努力を行う。 | 仕事に対する結果を他人に公表し、公益性の高い行動ができる。 | |
| 後輩をしっかり見て、後輩が困っていることを見つけ、自ら寄り添って悩みを解決することができる。 | 技術的にも、人間的にも、後輩の素晴らしい手本となり、後輩が成果を出せるよう、支援を行う。 | 仕事の大切さを教え、悩みを解決するだけでなく、心の教育ができる。 | 後輩に対し、自分よりも素晴らしい先輩になることを願い、コーチングなどを活用し、後輩の個性を100%引き出している。 | |
| 自ら興味を持ち、能力・感性を高める努力を行う。 | 目標を持ち、自らを知り、能力・感性を高める努力を計画的に実践することができる。 | 自らを変革するため感性を磨き、継続的に進化・発展し続けることができる。 | 自分の能力・感性をさらに高め、他者を幸せにできる状態を常に構築している。 | |
| 当事者から話を聞き、いさかいをなくすよう説得できる。 | いさかい等がお互いの業績にどのように影響するか考え、この点から、いさかいを続けることのデメリットを説明して解消させることができる。 | いさかい等が当人同士だけでなく職場全体にいかに悪影響を与えるかを説明し、解消させることができる。 | いさかい等を基本的に解消の方向に持っていき、その原因が仕事の進め方等にある場合には、この機会を利用して、より良い方法を当事者達に考えさせ、職場で共有することができる。 | |

## ■〈コンピテンシー〉　評価項目一覧表（先輩）

| 評価項目（方針・理念） | ディクショナリー | -1 阻害的／害になる | 0 無関心／存在感なし | 1 受動的／言われたことはできる |
|---|---|---|---|---|
| **技術習熟** | 立場に応じた技術習得を心掛け、修練によって磨きを掛けている。 | 他人の意見に耳を貸さず、自分の技術を過信し、修練を全くしない。 | 仕事で必要最小限の技術は身につけている。 | 先輩や同僚に言われて初めて、言われた技術のみ修練を行う。 |
| **チームワーク** | チームメンバーをいたわり支え合い、一つの方向（理念・目標）に向かう姿勢を持っている。 | 自分勝手な行動をし、チームワークを乱す。 | ただ、チームに加わっているだけ。 | チームがうまく機能するために、言われたことだけをこなしている。 |
| **結果への責任** | プロとして誇りを持ち、最善のコンディションで仕事をやり遂げ、その結果に対して責任を負うことができる。 | できない言い訳ばかりをし、仕事をやり遂げようとしない。 | 仕事はやり遂げるが、結果への責任は考慮しない。 | 仕事はやり遂げるが、他人に指摘されて初めて、結果への検証を行う。 |
| **後輩育成** | 先輩として、後輩に仕事の大切さを理解させることができ、仕事の技術・心構えについて細かく説明することができる。 | 後輩に対して、やる気を削ぐ発言を繰り返し行う。 | もくもくと我関せずで、仕事を行う。 | 後輩が、指導を求めてきた時のみ技術等の知識的な教育を行う。 |
| **自己啓発** | 自分の能力・感性をさらに高める努力を継続的に実践している。 | 学ぶことに否定的であり、学ぼうとしない。 | 自己啓発に無関心であり、前向きには取り組んでいない。 | 自らは自己啓発しないが、他人と共にならば前向きに自己啓発する行動ができる。 |
| **人間関係好転** | 組織内における人間関係の対立を解消し、前向きな方向に進める力がある。 | 職場内でのいさかい、感情的な行き違いを黙認、放棄している。 | いさかい、感情的な行き違いに対して気づかない。 | いさかい、感情的な行き違いの当事者からそれぞれの言い分を聞いているが、対処する能力がない。 |

シーケン社　提供

所属（　　　　　　　　　）氏名（　　　　　　　　　）記入日（　　　　　　　　　）

| 2<br>積極的／<br>自らできる | 3<br>主体的／自ら行動し、<br>周りに好影響を及ぼす | 4<br>創造的／<br>新しいものに挑戦 | 5<br>利他的・育成的／<br>利他的かつ育成的 | 評価点 |
|---|---|---|---|---|
| 他者の立場や仕事を理解し、積極的にフォロー&アドバイスができる。 | 他者の立場や仕事もよく理解し、最適なフォロー&アドバイスができ、周りから信頼されている。 | 他者の立場や仕事もよく理解し、フォロー&アドバイスができ、他者の潜在能力を引き出すことができる。 | 自らが最適なフォロー&アドバイスをするだけでなく、自分に代わるリーダーも育成できる。 | |
| 相手の立場を考え、積極的にサービス提供ができる。 | 相手の立場も考えて、最高のサービス提供ができ、周囲に好影響を与えている。 | 周りの全てに関心を持ち、相手の期待を越える感動のサービス提供ができる。 | 感動を呼ぶ最高のサービスを提供し続けられる人材を育成できる。 | |
| 経営計画を理解し、部門及び個人の成長を含んだ目標・行動計画が作成できる。 | 経営計画をよく理解し、明確な部門目標が設定でき、より具体的な行動計画をたてることができる。 | メンバー個々の潜在能力を最大限引き出す目標設定・行動計画をたてることができる。 | 次のリーダー育成のため、目標・行動計画の立案の場にメンバーを参加させ、部門目標の共有化と立案ノウハウの指導を行っている。 | |
| 人材育成に興味を持ち積極的に研究し、プログラムを作ることができる。 | 部門全体に即した人材育成プログラムを組むことができ、フォローすることができる。 | 部署の目標を達成するため、個々の将来的な成長・発展も考慮したプログラムを組むことができ、適切なフォローができる。 | 社員がやる気を持ち、お客様満足を高める人材育成システムを作ることができる。 | |
| 目指す方向性を示し、チームワークを結集して、目標に向かって突き進んでいる。 | チームワークを結集し、目標に向け、シナジーを発揮するよう行動している。 | 会社の目指すべき方向性を明確に示すことができ、さらなる上位の目標への挑戦をしている。 | いつも周囲から尊敬される存在であり、その感化力により次世代のリーダーを育てることができ、長期的な視野で会社の将来作りを実行している。 | |
| 目標達成のプロセスや活動の進行状況を確認・検証し、自ら改善・革新をしようとしている。 | 部門全体の状況を常に確認・検証でき、効果的な改善・革新をし、成果を発揮している。 | 確認・検証からだけでなく、斬新で根本的な改善・革新を行うことができる。 | 目標達成の喜びをみんなと共有でき、改善・革新が楽しいと思える環境・風土を作ることができる。 | |

## ■〈コンピテンシー〉 評価項目一覧表（リーダー）

| 評価項目（方針・理念） | ディクショナリー | -1 阻害的／害になる | 0 無関心／存在感なし | 1 受動的／言われたことはできる |
|---|---|---|---|---|
| **他者への理解** | 部下・同僚・上司の立場と仕事をよく理解し、相手の思考・行動パターンから適切なフォロー&アドバイスができる。 | 他者を無視し、自己都合のみ考え、何事も他人に押し付ける。 | 他者を理解しようとせず、最低限の作業をする。 | 指摘されることで、作業のフォロー&アドバイスはできる。 |
| **サービス志向** | 周りの人全てに関心を持ち、相手の立場で物事を考え、最高のサービス提供ができている。 | 自分本位な主張をし、トラブルを起こす。 | 周囲に無関心で、サービスが提供できない。 | 指摘される範囲での、サービス提供ができる。 |
| **目標設定** | 経営計画をよく理解し、部門目標が設定でき、行動計画に落とし込むことができる。 | 経営計画に批判的で、自分本位な部門目標・行動計画をたててしまう。 | 経営計画に無関心で、部門目標・行動計画を設定しようとしない。 | 経営計画の理解が浅く、例年通りの部門目標・行動計画はたてることができる。 |
| **組織的人材育成** | 部署の目標を達成するための人材育成に対して全体観を持ったプログラムを組むことができて、フォローすることができる。 | 自分の奴隷のような人材を作ろうとする。 | 人材育成に興味がなく、プログラムを作ることができない。 | 人材育成に対する理解が浅く、工夫のないプログラムは作ることができる。 |
| **リーダーシップ** | 会社の目指すべき方向性を明確に示し、チームワークを結集し、目標必達に向けシナジー（相乗効果）を発揮することができる。 | 自分に合う仲間だけを集め、他者と対立しようとする。 | リーダーシップに無関心で、自分の仕事のみする。 | 指示をされる範囲での、管理・指導しかできない。 |
| **改善と革新** | 目標達成のプロセスや活動の進行状況を常に確認・検証し、継続的に改善・革新をすることができる。 | 改善・革新を嫌い、現状を維持しようとする。 | 状況を確認・検証する意識がない。 | 指示をされる範囲で、状況を確認・検証はできるが、自ら改善・革新はできない。 |

シーケン社　提供

所属（　　　　　　　　　）氏名（　　　　　　　　　）記入日（　　　　　　　　　）

| 2<br>積極的／<br>自らできる | 3<br>主体的／自ら行動し、<br>周りに好影響を及ぼす | 4<br>創造的／<br>新しいものに挑戦 | 5<br>利他的・育成的／<br>利他的かつ育成的 | 評価点 |
|---|---|---|---|---|
| 問題解決に対し、積極的に取り組むことができる。 | 物事の本質を見抜き、より早く質の高い解決策を提供できる。 | 物事の本質を的確に見抜き、潜在的な問題を発見し、未然に問題解決策を提供できる。 | 中・長期にわたり、問題が発生しない仕組み・システム作りができる。 | |
| 顧客や市場のニーズを積極的に理解し、短期的な戦略を企画できる。 | 顧客や市場のニーズを的確に理解し、経営資源を活用し、独自能力を駆使した経営戦略を企画できる。 | 経営資源を最大限に活かし、独自能力を駆使した他社が真似できない経営戦略が企画できる。 | 長期的かつ社会的視野に優れ、ニーズと経営資源を的確にマッチングした経営戦略を企画し、成果を出すことができる。 | |
| ビジョンを理解し、積極的に組織やシステムを作ることができる。 | 目的達成のため、組織やシステムを構築し、うまく機能している。 | より効果的な組織やシステムを構築し、新たな課題に向け常に進化し続けている。 | 社員のやる気やお客様満足に繋がる組織やシステムが構築でき、みんなを幸せに導いている。 | |
| 予想されるリスクを積極的に先読みし、予防・回避策を立案する。 | リスクを先読みすることに優れ、積極的に予防・回避策を立案し、システムを構築することができる。 | 新たな予防・回避策を立案し、システムを改善できる。 | 会社全体でリスクを先読みし、予防・回避できる風土を作ることができる。 | |
| 業界関係者と良好な関係を築き、かつ維持するための努力をしている。 | 業界関係者と良好な関係を築き、そこでできた人間関係・ネットワークを部下や同僚とも共有している。 | 顧客価値の創造のため、あらゆる人と交流し、ネットワークを最大限活用している。 | 顧客価値の創造のため、会社のネットワークを最大限活用し、社員、会社、業界、地域の全体最適に繋げている。 | |
| 経営理念を理解し、社員へ積極的に発信している。 | 経営理念を社員・パートナーへ発信すると共に、自分自身の言動が一致し、周りと信頼関係が構築できている。 | 経営理念を社員・パートナーと共有・普及できる工夫をしているとともに、お客様と新たな信頼関係を構築し続けている。 | 社員・パートナー・お客様だけでなく地域社会への貢献のため、経営者とともに経営理念の共有・普及に努め、社会との調和を構築し続けている。 | |

## ■〈コンピテンシー〉 評価項目一覧表（幹部）

| 評価項目（方針・理念） | ディクショナリー | -1 阻害的／害になる | 0 無関心／存在感なし | 1 受動的／言われたことはできる |
| --- | --- | --- | --- | --- |
| **問題解決** | 問題発生時に、物事の本質を見抜き、より早く質の高い解決策を提供できる。 | 問題に気づかず、悪化させる。 | 問題があることは確認できるが、対応しようとしない。 | 問題解決を指示されれば、解決策を提供できる。 |
| **経営戦略** | 顧客や市場のニーズを理解し、経営資源を最大限活用し、独自能力を駆使した戦略を企画することができる。 | 自分勝手な戦略を立て経営の邪魔をする。 | 顧客や市場のニーズを理解できず、経営戦略を企画できない。 | 顧客や市場のニーズを理解しているが、前例と同じ企画しかできない。 |
| **組織作り〜発揮** | 会社のビジョンを戦略課題に落とし込み、目的達成のためにより効果的な組織やシステムを構築することができる。 | 自分勝手な組織を作り上げる。 | ビジョンが理解できず、組織をまとめることができない。 | ビジョンは理解できるが、それにあった組織やシステムを作ることができない。 |
| **リスクマネジメント** | 予想されるリスクを先読みし、それに対する予防・回避策を立案し、システムを改善することができる。 | リスクを先読みする気がない。 | リスクを先読みしようとするが、明確に見えていない。 | 明確に気づいたリスクのみ、予防・回避策を立案する。 |
| **人的ネットワーク** | 顧客価値創造のため、会社のネットワークを最大限活用し、全体最適を構築できる。 | 人との関わりを拒絶している。 | 取引関係者と最低限の付き合いができる。 | 取引関係者と良好な関係を築いている。 |
| **理念周知** | 会社の理念を完全に理解して、社員・パートナー・お客様へ共有・普及し、信頼関係を構築し続けることができる。 | 自分勝手な思想を発信している。 | 経営理念が理解できず、無意識に行動している。 | 経営理念は理解できるが、理念に対する想いが薄く、行動が一時的である。 |

シーケン社　提供

所属（　　　　　　　　　　）氏名（　　　　　　　　　　）記入日（　　　　　　　　　　）

| 2<br>積極的／<br>自らできる | 3<br>主体的／自ら行動し、<br>周りに好影響を及ぼす | 4<br>創造的／<br>新しいものに挑戦 | 5<br>利他的・育成的／<br>利他的かつ育成的 | 評価点 |
|---|---|---|---|---|
| 「経営理念」「お客様の視点」などを判断軸として、意思決定を行う。 | 「志」を持ち、「経営理念」「お客様の視点」などを判断軸とし、総合的に意思決定を行う。 | 周りの意見を聞き、英知を結集し、「志」「経営理念」を軸とした総合的な意思決定を行う。 | 長期的かつ社会的視野に立った全体最適な意思決定を行うことができる。 | |
| 外部ネットワークを勉強の場と捉え、自らすすんで社外活動を活発に行う。 | 外部ネットワークを拡げるとともに信頼関係を構築し、組織へ新しい風を送り込んでいる。 | 会社全体で外部ネットワークに参加できる状態を創りだすことで、組織へ送り込む風を大きくし、会社の存在価値もさらに強化することができる。 | 外部ネットワーク同士を結び、社会貢献できる活動に繋げ、各組織の存在価値を高めることができる。 | |
| 健全な経営プロセスを考え、お客様に喜んでいただける投資を行っている。 | 健全な経営プロセスの結果、利益が出せ、社員の幸せのために投資を行うことができる。 | 経営プロセスを見直し続け、利益が出る状態を構築することができる。会社の中・長期的な計画に投資できている。 | 健全な経営プロセスを会社全体で共有でき、利益を社会貢献のために投資することができる。 | |
| 達成すべきミッションに対し、中・長期計画を立案している。 | ミッション達成のために企業存続の必要性を理解し、顧客や市場のニーズに応じ、中・長期計画を立案できる。 | ミッションの理解を深め、より高いレベルでの行動計画に基づいた、中・長期計画を立案できる。 | 組織内外を問わず、周囲から必要とされる企業の未来像を共に考えられる人を育てることができる。 | |
| 社会的責任を果たそうとする姿勢を持ち、自ら地域・社会への貢献を実行している。 | 地域・社会への貢献を組織的に行っている。 | 社会的責任の重要性を意識し、組織が社会から必要とされるかを常に考え続けられる状態を創っている。 | 組織を離れた所でも自発的に社会貢献できる人が育ち、社会から無くなれば悲しむ人がいるような組織を創っている。 | |
| 会社に関わる全ての人々の幸せを追求し、あるべき姿を模索している。 | 経営理念を構築し、ビジョンを明確に持ち、あるべき姿にぶれることなく邁進している。 | 「志」の経営理念のもと、その時々に応じたビジョンを組織全体として策定できる状態を創っている。 | 「志」のある経営理念に基づき、素晴らしい経営の状態を見せることで、周りの人を感化することができる。 | |

## ■〈コンピテンシー〉 評価項目一覧表（経営陣）

| 評価項目（方針・理念） | ディクショナリー | -1 阻害的／害になる | 0 無関心／存在感なし | 1 受動的／言われたことはできる |
|---|---|---|---|---|
| 意思決定力 | 英知を結集し、物事を、「志」「経営理念」「お客様の視点」などを判断軸として、冷静な眼で全体最適な意思決定ができる。 | 自己の欲を満たす意思決定を行う。 | 人の意見に左右され意思決定を行わない。 | 事実前提（損得）を判断軸とした意思決定のみ行う。 |
| 外部ネットワーク | 会社の存在価値をさらに強化していくため、外部ネットワークを拡げるとともに信頼関係を構築し、組織へ新しい風を送り込んでいる。 | 外部に出て行くが、会社価値を下げるような関係を構築している。 | 外部ネットワークを全く拡げようとせず、組織外に出て行かない。 | 社会的立場を考えやむなく外部ネットワークを構築しようとしている。 |
| 財務成果・投資 | 健全な経営プロセスにて利益を出し、それを将来の投資と考え、社員・お客様・地域社会へ、より効果的な投資を行っている。 | 会社の利益を、自らの欲を満たすことに投資する。 | 健全な経営プロセスを考えず、漫然と経営を行い、将来の投資を考えない。 | 効率を求め、取引や組織体系を考え、会社に不利益にならないように投資を行う。 |
| 長期展望 | ミッション達成のために永続的に企業を存続させる必要があることを認識し、中・長期計画を立案し、継承問題にも取り組んでいる。 | ミッションを持つことを否定し、中・長期計画を立案することも否定する。 | ミッションを持つことに必要性を感じず、現状を維持するだけで、計画も立てない。 | ミッションの必要性を感じているが、目先を改善するための計画のみを立案している。 |
| 社会との調和 | 法令を遵守し、倫理的・道徳的に社会的責任を果たし、会社で培った経営資源を地域・社会への貢献に繋げることができる。 | 利益のためならば、平気で法令違反を犯し、社会的責任を無視する。 | 社会的責任に関心が無く、組織がどのような状態かも知ろうとしない。 | 組織外からニュースを聞いた時のみ、社会的責任について考えるがすぐに忘れる。 |
| 経営理念 | 「志」のある経営理念を構築し、会社に関わる全ての人々の幸せを追求できるビジョンを明確にし、あるべき姿に向かい邁進し続けている。 | 欲望のみを満たすことに邁進する。 | 「志」が無く、組織がなにのために存在するか分からない。 | 他社の経営の成功例を羨ましがり、形だけ真似する。 |

シーケン社　提供

コラム

## 経営者のための「ほめ育のススメ」⑤

今回の対談は、株式会社サンパーク代表取締役社長の髙木健さん。レストラン、カフェ、アパレル、アミューズメント施設、リサイクルショップなど、新しいフードビジネスに挑戦し続けるサンパーク。FC店、直営店を含め国内外に13業態40店舗を展開し、現在はオリジナルブランド「豚骨火山らーめん」をタイ（バンコク）、インドネシア（ジャカルタ）、シンガポールから世界に向けて発信している。今回は髙木さんとの対談を通して、「ほめ育」導入での変化について、お伝えします。

**――御社の人材育成について教えてください。**

我々は店舗ビジネス。ピラミッドで言えば、トップの下に店があり、その下に従業員が連なっている組織です。それぞれが独立採算制で成り立っている店の集合体として、トップと店長が同じ考え方や方向性を持っていないといけないと考えていますが、弊社は一業態で多数の店舗があるような会社ではなく、国内外に40店舗、13業態と多岐にわたっているので、ベクトルを同じにしにくい。人材の交流も難しいです。

**――「ほめ育」の導入が、御社の人材育成の悩みをどう解決すると思われましたか？**

弊社の人材交流の難しさ、ベクトル合わせの難しさを解決するキーワードの一つが「ほめ育」だと思いました。「ESはCSに優先されるべき」と言われますが、まさにその通りで、従業員満足を上げなければお客様満足は得られない。「ほめ育」を導入することが、この人材難の時代の大きな助けになると思っています。

**――御社の人材育成に「ほめ育」を導入して、変化はありましたか？**

原さんには毎月のコンサルティングをお願いし、各店長にはそこで得たものを店に落とし込んでもらっていますが、国内、海外を問わずどの業態でも「ほめ育」のPDCAを大きな柱にしたことで、既存店で昨年対比110％や125％という数字として結果が出ています。それもかなりの店舗で出ている。私自身も最初は半信半疑でしたが、上がってくる数字を見て非常に説得力を感じており、今後もこれを人材育成の中心に据えていく方針です。

――離職や採用コストでの効果はいかがでしょう。

やはり「ほめ育」に真剣に取り組んだ店長の店は定着率が高い。これは間違いないです。定着率が上がったことで浮いたお金を教育に使うことができ、非常に好循環です。今は募集したらどんどん人が来る時代ではありません。時給を上げても人が来ない。むしろ辞めさせないことが大切な時代です。士気の高い従業員を辞めさせないための方法が必要です。

――他にも効果を感じられたことがありましたら、教えてください。

昔は今に比べて従業員の見ている方向がバラバラだと感じることがありました。もちろん、個性の強い従業員が多く揃っていたという意味でもありますが、そのころに比べると今はみんなが同じ方向を向いてくれています。

弊社には3つのミッションと10の行動指針があり、これをもとに採用活動を行っています。時間をかけて理念を浸透させる教育の大切さは身に染みて感じていて、その広がりや可能性も感じています。それぞれの従業員たちが自分の無限の可能性に気づくことで、成長し、伸びていきます。人が成長すれば会社も伸びるし、業績も伸びる。

――最後に「ほめ育」の将来性や期待について、お聞かせください。

海外店舗にも「ほめ育」を導入していますが、これも効果が出つつあります。具体的にほめられたり認められたりすると嬉しいのは人類共通。そう考えると「ほめ育」は世界共通で、原さんの進めるグローバル戦略とも合致しているし、FUJIYAMA、GEISHAの次は「ほめ育」が横文字になる時代が来るのではないでしょうか。「HOMEIKU」には世界を救うキーワードになってもらいたいですね。

**髙木健社長●プロフィール**

1959年、神戸市生まれ。慶応大学法学部卒業後、東京の百貨店入社。2年間勤務した後、ホテルへ就職。フロント、営業、海外勤務を経て、宿泊マネージャーまで昇格。1991年、株式会社サンパーク企画室長に就任。常務を経て、1997年5月、代表取締役に就任。フランチャイズ店舗とオリジナル店舗の積極的な出店、及び2012年からの自社オリジナル業態で、海外への積極的な出店を行っている。

# 第6章

# 「ほめる」＋「叱る」で、人も組織も進歩する

# 1 ほめる風土作りには「ほめきる」覚悟が必要！

「ほめ育」導入の第2ステップは、ほめる風土作りです。

ほめる文化や習慣のない日本企業において、第1ステップで作ったほめる基準を社内に根付かせていくためには、ほめる風土作りがどうしても必要になります。

何度も言いますが、「ほめ育」導入の目的は、甘い組織やなれあいの組織を作ることではありません。

目的は、今いるスタッフと一緒に、お互いが成長・進歩していくことによって、事業計画の目標を達成することです。

売上アップ・利益アップが目的であり、本気で取り組めば必ず実現できます。

ただし、そのためには、ほめる側の上司の意識改革が必要になります。

上辺だけの甘い「ほめ」ではなく、部下の成長のことを真剣に考えた本気の「ほめ」が必要になるのです。

具体的に言うと、**「部下をほめて育てるぞ！」「部下の長所をお金に換えるぞ！」といった強い覚悟。これが必要なのです。**

私は強い覚悟のある「ほめ」を、「ほめきる」と呼んでいます。

もし、あなたが「ほめて育てるなんて甘い。俺たちは一度も上司からほめられたことがなかった」と思っているとしたら、その考えはすぐに捨ててください。

なぜなら、今の若者たちは、上司にほめられたいと思っているからです。

さらに言うと、失敗して怒られたくないと思っています。安全地帯、安心地帯を求めているのです。

だから、「自分で考えろ！」では動きません。

「失敗しないために、最初から正解を教えてください」というのが、今の若者たちの考え方なのです。

「失敗は成功の基」という言葉は、今の若者たちの辞書にはないと言っても過言ではないでしょう。

こんな若者たちを物足りなく感じる人も多いと思いますが、そんな若者を作ったのは今の大人たちの責任であり、若者たちが悪いわけではありません。

未来に希望が持てない環境で育てられた若者が、超保守的になってしまうのは、ある意味、仕方のないことなのです。

自分たちがそんな若者を作っておきながら、「今の若者はやる気がない」とか「細かく指示しないと動かない」などと、若者たちを責めるのは、お門違いも甚《はなは》だしいといえるでしょう。

明るい未来もない、景気も悪い、上司もため息をついている、給料も上がっていかない、ボーナスも出るかどうかわからない……。

そんな状況の中で、「もっとやる気を出せ！」と言われても、無理な話です。

でも、会社を成長させて、スタッフを物心ともに幸せにしていくためには、目標を達成していかなければいけないわけですから、すぐに給料を上げることができないのであれば、「せめてほめて育ててあげましょうよ」ということです。

部下の育成には愛情が必要です。

だから、部下のことを、あなたの弟や妹だと思って接してあげてください。そうすれば、愛情をもって接することができるでしょう。

「強くなければ生きていけない。優しくなければ生きていく資格がない」という言葉がありますが、今の時代に若者が求めているのは、このような「強いだけじゃなくて優しさも兼ね備えたリーダー」だといえるでしょう。

## 2 ときには叱ることも必要で、「ほめる」と「叱る」は5：1

「ほめ育」では、「ほめる」ことばかりではなく、ときには「叱る」ことも必要になります。

昔は「ほめる」がなくて、「叱る」しかない企業がほとんどでした。

割合でいうと、「ほめる」と「叱る」が０：１００のところもあったと思います。

それでも部下は、会社にいれば出世もできたし、給料も上がったし、明るい未来も見えていたので、辞めずについていきたわけです。

ところが今の若者は、きつく叱るとすぐに辞めてしまいます。

だから、上司は腫れ物に触るような感じで、あまり部下を叱らなくなりました。

また、叱ると、「なぜ、こうしちゃいけないんですか？」、「これのどこがいけないんですか？」などと聞いてくるので、面倒なので叱らないというリーダーも増えてきたように思います。

しかし、本気で部下の成長を願うなら、「部下に嫌われてもいい」、「これを言ってもわからないのであれば、辞めても仕方がない」というくらいの覚悟で、ときには部下を叱ることも必要なのです。

このように強い覚悟で叱ることを、「叱りきる」と呼んでいます。

では、「ほめる」と「叱る」の割合は、どれくらいが理想なのか？

それは人にもよりますが、**「ほめる：叱る＝5：1」くらいが理想なのではないかと思っています。**

つまり、1回叱ったら5回ほめるということです。

この比率を一つの目安として、あなたも部下を本気でほめたり叱ったりしてください。

## 3 リーダーは教育者であらねばならない！

実際、「ほめ育」を導入していく過程においては、「ほめろと言われても、一般常識もないような若者をほめられませんよ！」という人が必ず出てきます。

たしかに、今の若者の中には、一般常識も知らないような若者がたくさんいます。

言葉遣いを知らない者、礼儀作法がなっていない者、マナーを知らない者など、社会人の一般常識とされていることができていない若者が、どんどん社会に出てきているのです。

以前であれば、家族や学校の先生やクラブの先輩や地域の大人たちから教わったであろうことが、今の若者たちは誰からも教わることなく社会に出てきてしまっているのです。

これは、若者たちの責任ではありません。

教えなかった大人たちの責任です。

だから、一般常識がない若者を責めても仕方がないのです。

では、リーダーはどうすればいいのか？

私は**リーダーたちに「あなたが教育者になってください」**と言っています。つまり、**リーダーが若者たちの躾《しつけ》をしてくださいということです。**

こう言うと、「そんなことまで私たちがやらなければいけないんですか！」という人がいます。

仕事を教えるだけでも大変なのに、部下の躾までやらされたんじゃたまったものではない、と言いたくなる気持ちもわからないではありません。

しかし、今の若者たちは一般常識を知らないだけで、知っててやらないわけではないのです。

だから、きちんと教えてあげれば、意外と素直に聞き入れてくれます。

さらに、今の若者たちは自分のためを思って本気でほめたり叱ったりしてくれる大人に会ったことがないので、あなたが本気で接すれば、「一生あなたについていきます」という良好な人間関係が築ける可能性がすごく高いのです。

前にも書きましたが、部下にとっては「誰に」ほめられるのか、「誰に」叱られるのかの、「誰に」がすごく重要です。

同じことを言ったとしても、言う人が違えば、効果は全く違うのです。

だから、「ほめ育」には部下との人間関係、信頼関係がすごく重要で、そのためにもリーダーは教育者にならなければいけないということです。

そして、そうなるためには、まずは「ほめる」ことから始めることが重要なのです。

信頼関係ができていないうちに「叱る」から始めてしまうと、信頼関係を築くのが難しくなってしまいます。

そうなってからでは遅いので、まずはどんどん良いところを「ほめてあげる」ことから始めることが重要なのです。

## 4 部下の心の扉は開いていますか?

ほめる風土作りの前提として、部下の心には扉があるということを、上司は理解しておく必要があります。

あなたは、部下の心の扉を意識したことがありますか?

心の扉が開いているのか、閉じているのか、見ようとしたことはありますか?

じつは、部下の心の扉が閉じているときに、いくらほめてもあまり効果は期待できません。叱るときはもっとです。

したがって、**ほめるときも叱るときも、部下の心の扉が開いている状態のときに行う必要があるのです。**

では、どうやって心の扉の状態を見分ければいいのか？

それは、部下をよく見ていれば、挨拶の仕方だったり、目線だったり、飲みに誘っても応じなかったりといった態度でわかるはずです。

そして、心の扉が閉じていることがわかったら、開ける方法を考えましょう。

手で押せば開くのか、カギがないと開かないのか、あるいは何らかの機械でこじ開けないといけないのか……。

開け方は人によって違いますが、とにかく上司は何とかして部下の心の扉を開けなければ始まらないのです。

また、叱る場合は、タイミングも重要です。

今は叱ってはいけないとき、今は叱ってもいいときというタイミングがあるのです。

このタイミングは、部下をよく見ていればわかります。部下から、叱られてもいいというサインが出てきますので。

たとえば、それまで何を言っても聞く耳を持たなかったのが、急にメモを取るようになったとか、それまで日報にたいしたことを書いていなかったのが、急に自分の意見を書くようになったとか、前向きな発言をするようになったとか、仕事のことで相談してくるようになったといったときが、そのタイミングといえるでしょう。

聞く耳を持っていないときに、いくら叱っても無駄ですし、逆効果になりかねませんので、必ずタイミングを見極めてから叱るようにしてください。

また、状況によっては、その場では叱らず、3カ月とか6カ月、寝かしてから叱るという方法もあります。

もともと私は周りの人から「瞬間湯沸かし器」と言われるくらい、スタッフが何かミスをするとカーッとなって、その場ですぐに叱るタイプだったのですが、あるときスタッフのミスをその場で叱るのを我慢してみようと思いました。

クライアント企業での大事な研修中だったということもありましたが、いつもとは違う叱り方のパターンを試してみようと思ったのです。

研修が終わった直後や企業を出た後、帰りの電車の中など、叱るチャンスは何度もあり、叱りたい衝動に駆られましたが、その度にグッと我慢しました。

結局、そのスタッフに注意したのは6カ月後でしたが、そこまで我慢できた自分に驚いたと同時に、自分の中に叱り方のパターンが一つ増えたのです。

毎回同じ叱り方では、部下に「またか……」と思われてしまいますので、叱り方のバリエーションも増やしていきましょう。

## 5 部下にプラスのレッテルを貼ってあげる

ほめる風土作りの一つのやり方として、みんなの前で、部下にプラスのレッテルを貼ってあげるというやり方があります。

具体的には、全体ミーティングの場で部下を一人ずつ前に呼んで、みんなの前で次のように言うのです。

「みなさん聞いてください。○○君の長所はここです。実際、○○君はいついつ、お店で、こういう行動をして、お客さんにすごく喜ばれました。○○君は、こういうことができる、こういうすばらしい長所のある人間です。私が保証します。だから自信をもってこれからもがんばってください。みなさんも、○○さんの真似をしましょう」

今の若い人たちは、マイナスのレッテルを貼られた経験はあっても、プラスのレッテルを貼られた経験はほとんどありません。

自分の親からでさえ、ダメ出しされることはあっても、ほめられた経験は少ない人が多いのです。

そういう中にあって、上司からプラスのレッテルを貼ってもらえると、部下は大きな自信につながりますので、上司は部下にどんどんプラスのレッテルを貼ってあげましょう。

すばらしい
高評価
プラス

## 6 「叱る」と「怒る」は違う

これまで「ほめる」だけでなく、「ほめ育」には「叱る」ことも必要だという話をしてきましたが、世の中には「叱る」と「怒る」を混同しているリーダーも多いようです。

では、「叱る」と「怒る」はどう違うのか？

『大辞林』によると、「叱る」とは「相手のよくない言動をとがめて、強い態度で責める」という意味で、「怒る」は「腹を立てる。立腹する」という意味です。

ちょっとわかりにくいので、私なりの解釈を紹介すると、**「叱る」と「怒る」の違いは、感情のコントロールができているか、できていないかの違いだと考えています。**

感情のコントロールができているのが「叱る」で、感情のコントロールができていないのが「怒る」ということです。

つまり、急にキレて怒鳴ったり、八つ当たり気味に相手に当たり散らしたりしているのが、「怒る」ということです。

そして、多くのリーダーは「怒る」をしてしまっています。

自分はそんなことはない、と思う人もいるかもしれませんが、多くの部下は「怒られている」と感じています。

「キミのために言ってるんだよ」と口では言っていても、部下は「機嫌が悪いからでしょ」、「何か嫌なことがあって八つ当たりしているんでしょ」、「自分が出世したいからでしょ」、「保身のためでしょ」、「アメとムチのムチでしょ」などと思っているのです。

あなたは大丈夫ですか？　感情のコントロールができていますか？

過去の自分を振り返ってみて、「そういえば感情的になって部下を怒鳴ることが多かったな」と思う人は、今後は感情をコントロールすることを心がけましょう。

## 7 「叱る」「しつける」「期待する」

「ほめ育」を導入するにあたり、「ほめる」以外にキーワードとなる言葉があります。それが「叱る」「しつける」「期待する」の3つです。

先ほど感情のコントロールができているのが「叱る」だと言いましたが、もう少し具体的に言うと、「叱る」とは部下が間違っていることを軌道修正してあげることだと、私は考えています。

たとえば、「いらっしゃいませ！」の声が小さい部下がいたとしましょう。

これをこのまま放っておいたら、その部下はそれでいいと思ってしまって、この先も小さい声のままでいる可能性が高くなります。

そこで、大きな声で「いらっしゃいませ！」と言うように軌道修正してあげることが、「叱る」ということなのです。

叱る場合は、部下に合わせた叱り方が必要になります。

たとえば、「もっと大きな声出せよ！」ときつく言っても大丈夫な人と、「さっきは大きな声が出ていたのに、今はどうしたの？」と優しく尋ねるように言ってあげないとダメな人がいます。

ほかにも、軽く叱る、思いっ切り叱る、あえてみんなの前で叱る、一対一で叱るといったように、緩急をつけた叱り方のバリエーションをいくつも持っておくことが、今のリーダーに求められる資質と言えるでしょう。


一方、「しつける」とはどういうことなのか？

それは、ダメなものはダメとはっきり言うことです。

「5分くらいの遅刻は、まぁ、いいか」と黙認したり、大目に見たりするのではなく、「遅刻はダメだ」とはっきり言わなければいけないのです。

このとき、部下の顔色をうかがったり、部下の出方を見たりする必要はありません。

社会人としてのマナーやモラルやルールをしっかりと教えるためにも、リーダーは毅然《きぜん》とした態度で接しましょう。

では、「期待する」とはどういうことなのか?

これは「叱る」とほぼ同じで、部下の軌道を修正してあげることです。

ただし、「叱る」よりも「期待する」のほうがソフトですので、叱ってくれる上司に感謝する若者が減っている今、上司は「叱る」から「期待する」に変えていったほうがいいでしょう。

「期待する」で部下を導く場合、いきなり過度な期待をするのは禁物です。

なぜなら、過度な期待をされると、部下は自分のことをちゃんと見てくれているのか疑問に思うでしょうし、無理難題を押し付けられているとしか感じないからです。

陸上の走り高跳びの選手にとっては1メートル50センチを跳ぶことは簡単です。しかし、未経験者にとっては1メートル50センチのバーは非常に高く感じられ、いきなりこれを跳べと言われても、挑戦するのをやめたくなってしまうことでしょう。

これと同じで、部下に「期待する」場合は、**部下の能力をはるかに超えた高すぎるところを期待するのではなく、部下が背伸びすれば届くところを期待していると言ってあげることが重要なのです。**

さらに、上司はただ「期待しているよ」と言うだけではいけません。

じつは、「期待している」という言葉はすごく重い言葉であり、軽々しく言うべきものではないのです。

「期待している」という言葉には責任が伴います。

ですので、上司は部下に「期待している」と言う以上は、どうすればそれができるのか、ワンポイントアドバイスをしてあげるくらいの覚悟が必要なのです。

## 8 部下育成は自分育成

「ほめ育」を導入した企業のリーダーたちが口をそろえて言う言葉があります。

それは、「ほめ育をやって一番成長したのは、自分のような気がします」というものです。

もちろん、「ほめ育」を導入することで、部下も成長します。

しかし、**じつは一番成長するのは、リーダーたちなのです。**

前にも書きましたが、部下にとっては「誰に」ほめられるのか、「誰に」叱られるのかがすごく重要です。

「あなたに言われたくない」という感情を抱く上司の言うことは聞きません。

だから、本気で部下を育成しようと思ったら、リーダーは自分の人間力を高めていかなければならず、その結果、リーダー自身が成長することになるからです。

特に、「10」言っても「1」しか動かないような部下、なかなか言うことを聞こうとしない部下、なかなか成長しない部下ほど、自分のマネジメント力を育ててくれているといっても過言ではありません。

ですので、そういう部下を持った上司は、「コイツは何度言ったらわかるんだ！」という気持ちではなく、自分を育ててくれているんだという感謝の気持ちをもって接するようにしましょう。

## 9 「ほめシート」を活用して部下の心の扉を開く

ほめる風土を社内に根付かせていくためには、これまでお話ししてきたように、上司の意識改革が欠かせません。

本気で部下の成長を願い、本気で売上目標を達成しにいくんだという強い意志がなければ、「ほめ育」は成功しないと言っても過言ではないでしょう。

それくらい「ほめ育」にとって、リーダーの意識改革は重要なのです。

しかし、それだけでは不十分です。

ほめる風土を根付かせるためには、ほめるためのツールや、ほめるための場を上手く活用して、仕組み化していくことも重要なのです。

そのために、私がおすすめしているツールが**「ほめシート」**と呼んでいるものです。ほめシートとは、ほめ方がわからない人でも、ポイントを外すことなく売上アップにつながるほめ方ができるように、私が開発したオリジナルシートのことです（188・189ページ参照）。

ほめシートに書く項目は次の3つだけです。

①**「ありがとう」**
②**「成長したなぁ・すごいなぁ・好感が持てる」**
③**「期待していること」**

非常にシンプルな項目ですが、じつはこの3つの項目の中には、アメリカの心理学者であるウィル・シュッツ博士が提唱する「自尊心の三大欲求」を満たす項目が内包されているのです。

自尊心の三大欲求とは、**「自己重要感」「自己有能感」「自己好感」**の3つです。

自己重要感とは、自分を大事な存在として認めてほしいという欲求で、人から「ありがとう」と言われたときに満たされます。

自己有能感とは、的確な意思決定と行動ができるようになりたいという欲求で、人から「すごいね」「成長したね」と言われたときに満たされます。

自己好感とは、人に好かれたいという欲求で、人から「好きだよ」「好感が持てる」と言われたときに満たされることになります。

これら3つの欲求が満たされると、人は自尊心が満たされ、「認められた」と感じるようになります。

そして、自尊心を満たしてくれた相手に対して、心の扉を開くようになるのです。

先ほど、ほめるにしても叱るにしても、まず部下の心の扉を開いてからでなければ部下は素直に受け入れてくれないと言いましたが、じつはこのほめシートをしっかりと書いて部下に渡すことによって、自然と部下の心の扉を開けることができるようになっているのです。

## ■ほめシート

ここがGOOD!!

# ほめシート

年　　月　　日

＿＿＿＿＿＿＿＿＿＿へ　＿＿＿＿＿＿＿＿＿＿より

### ありがとう

具体的にイメージが伝わるように、50文字以上

50文字

### 成長したなぁ・すごいなぁ・好感が持てる

この中から一つ　50文字以上

50文字

### 期待していること

・来月クリアしてほしい

・将来的に、こうなってほしい

## ■ほめシート　記入例〈部長から課長へのほめシート〉

ここがGOOD!!

### ほめシート

XX年　XX月　XX日

〇〇課長 へ　　　　XX より

**ありがとう**　　具体的にイメージが伝わるように、50文字以上

企画の立ち上げから任せたことをやり遂げてくれたこと、本当に感謝しています。「大丈夫です！」と言ってすぐに仕事に取り組む姿勢に、元気をもらっています。ありがとう。

**成長したなぁ・すごいなぁ・好感が持てる**　　この中から一つ　50文字以上

関係者や部下の気持ちを汲み取り、先頭を切って何事も形にしていく点は、本当にすばらしいと思います。特に、短時間でそれを実行する能力はとても高いと評価しています。

**期待していること**

**・来月クリアしてほしい**

社長・創業者の思いを形にして、来年に控える創業三十周年の新企画を率先して考えてほしい。

**・将来的に、こうなってほしい**

営業としてこれからどうしていかなければいけないか、忙しい中にも未来予測をしっかりして、起案していくことを望みます。起案をどんどんしていただき、推進力はそのままに、部下を成長させるスピードも今まで以上に一緒に速めていきましょう！

なお、ほめシートの具体的な書き方については、拙著『やる気と笑顔の繁盛店の「ほめシート」』(ディスカヴァー・トゥエンティワン)に詳しく書いてありますので、そちらをご参照ください。

## 10 ほめシートを活用してほめる場を作る

ほめる風土を根付かせていくためには、ほめる場を作ることも重要です。

筋トレも毎日やらないと筋肉がついていかないように、ほめ育もほめる場を作って、定期的に行っていかないと根付いていきません。

そこで、ほめる場作りの一つとして、ほめシートを活用した場作りを提案しています。

ほめシートは、基本的に上司が書いて部下に渡すものですが、これを上司が思いついたときに書いていては習慣化していきませんので、まずは月1回なら月1回と決めて、定期的に書くようにすることが重要です。

ほめシートの渡し方は、部下を一人ひとり呼んで直接渡す方法や、給料明細と一緒に封筒に入れて渡す方法、メールで送る方法などがあります。

これらはいずれもほめシートの内容を、本人だけに直接伝える方法ですが、ほかにもみんなの前で渡す方法があります。

たとえば、みんなが集まる朝礼や終礼の場、会議やミーティングの席上、社長表彰や営業部長表彰といった表彰式の場などです。

できれば、何かのついでというよりは、ほめシートを渡すことをメインとした「ほめる会議」を定期的に開催することをおすすめしています。

個別に渡す場合に比べて、みんなの前で渡すほうが、私は効果的だと考えています。

なぜなら、**一人でほめられるよりも、みんなの前でほめられるほうが、ほめられた人のうれしさが何倍にもなるからです。**

また、みんなの前でほめることで、より強力なプラスのレッテルを貼ってあげることができるからです。

さらに、みんなの前でほめることで、ほかの部下たちが他人の長所をモデリングしやすくなるというメリットもあります。

じつは、ほめシートの活用法として、個別に渡す、みんなの前で渡す以外に、もう一つ活用法があります。

それは、スタッフの控室やバックヤードなどに、全員分のほめシートを貼り出すというものです。

こうすることでみんなのほめシートの情報がメンバー全員に共有され、チーム全体がやる気になります。

ほめシートを記入する参加者

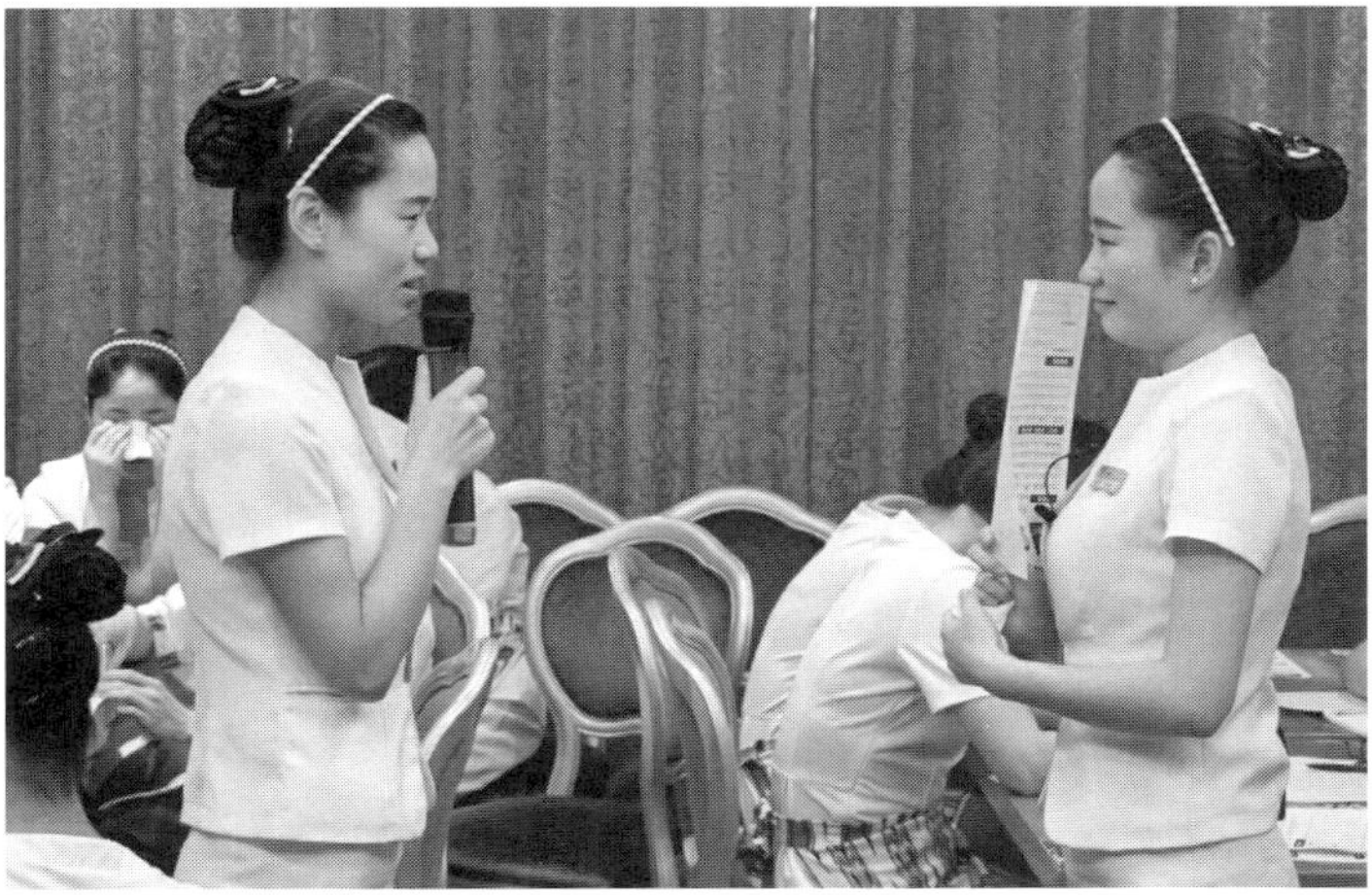

ほめシートを手渡している様子

コラム

# 経営者のための「ほめ育のススメ」⑥

今回の対談は、株式会社いきいきらいふ代表取締役会長、社団法人日本介護協会理事長の左敬真さん。学生時代に見学した特別養護老人ホームに衝撃を受け、介護の道へ。24歳で大学院卒業と同時に起業。居宅介護支援、訪問介護、デイサービス、福祉用具の介護サービスに加え、全国初の入浴専門3時間デイサービス「いきいきらいふSPA」を展開。業界以外からも注目を浴びる。また日本介護協会の理事長として「介護から日本を元気に！　介護から日本をつくる！」を目的に、介護業界最大級のイベント「介護甲子園」を主催。介護を通じて日本を活性化させるための取り組みを積極的に行い、業界全体の改革に乗り出している。今回は左さんとの対談を通して、「ほめ育」が離職率低減にどう繋がるかをお伝えします。

――「ほめ育」では、従業員を大切にすることをポイントの一つとしていて、その部分で左さんとは接点があったと思います。その価値や、左さんのお考えをお聞かせください。

これまでの経験や挫折を振り返って社長業を考えたときに、「気持ち良く従業員に働いてもらうことに尽きる」という結論に至りました。すると叱って売上を伸ばすのには限界があります。楽しい職場にして、仕事をしたい職場にして売上が伸びればそれがゴールだと思っています。

もう一つは、「ほめ育」の手前にはしつけが必要だということです。会社としてある程度の決まった習慣を作っていく必要があると思っていて、弊社では「鬼軍曹」を役割として入れて、叱咤激励をしてもらっています。社長がニコニコしているなら別の誰かが徹底して管理しているような、そういった役割が組織には必要ですね。

――長所を伸ばしきった上でしつけをすることが大事ですね。人間ですから感情論で言ってしまうことも仕方がないと思いますが、「ほめ育」のワンランク上のゴールの一つは、思い切り叱っても感謝に変えられる人間関係を構築することです。

もっと言えば仕事上のコミュニケーションを超えてプライベートを含めたところまで入

っていって、相手の時間を気にせずに自分から歩み寄れる関係を作っておかないと、お互いに気を使ってしまいますよね。

うちの会社にはルールとして「その従業員とサシで酒が飲めるか」というのがあります。飲みに行きにくい相手だったら関わりを多くしたり、時には第三者を入れて酒を飲みながら、会議をしながらいいところ探しをしています。

**――世界から日本の介護は注目されていて、いずれはハード面もソフト面も輸出されると思います。従業員育成や「ほめ育」も含めた、高齢化社会の先進国を担っている存在として、メッセージをいただけませんか？**

国に関係なく、人が集まれば人の問題は絶対についてきます。例えば、みんな「仕事がない」と言いつつ介護職にはなりたがらない。介護は全世界的に人気のない職業なのです。そうなると経営者としては「どんな環境を提供していくか」に尽きますよね。甘やかすか導くかの差はありますが、「ほめ育」を通して本人にモチベートさせることが大切です。

組織が人を承認しながらうまく誘導して、最終的にみんながハッピーになる状態を目指すことは人類共通です。介護は人の命に係わるものなのでなくてはならないものですし、日本が2000年からのこの15年間で通ってきた道はストーリーとして世界に提供できるのではないでしょうか。

**――「ほめ育」がこれからの日本でどういう役割をするか、左さんは何を期待しますか？**

会社の売上を伸ばすためにほめるのではなく、ほめることで結果として売上が伸びる流れが真実なのだと思っています。経営者が本気で従業員をほめる感覚が根付くと良い環境が作れますし、彼らがその子どもたちに対しても同じことができるようになるでしょう。さらに本人が自分を承認してほめられるようになれば、全体的に企業から人が去っていくことも止められると思っています。「ほめ育」には、この流れの中心の役割を担っていただきたいです。

**左敬真会長●プロフィール**

1977年、東京生まれ。2002年、24歳で大学院卒業と同時に起業。「自分が受けたい、家族に受けてもらいたい介護サービスを提供する」を理念に会社を設立。理念を実現するニーズに基づいた新しい介護サービスとして、短時間入浴専門デイサービス「いきいきらいふSPA」を展開。また「介護から日本を元気に！」を理念に、介護スタッフ自らが介護の取り組み・想いを伝えるイベントとして「介護甲子園」を主催している。

# 第7章

# ほめ育流・適材適所で稼げる社員がどんどん増える

## 1 部下の長所をぶっこ抜くには？

「ほめ育」導入の最後のステップは、部下の長所をぶっこ抜くことです。

長所をぶっこ抜くとは、地面から少し出始めた芽をいち早く発見し、その芽を大きく伸ばしてあげて、きれいな花を咲かせてあげるイメージです。

ところが、多くの上司は、部下が地面から小さな芽を出していても、まったく気づいておらず、また気づこうともしていません。

たとえ気づいたとしても、それを伸ばしてあげようという上司は少ないのが実情でしょう。

なかには、せっかく出かかった部下の芽を潰そうとする上司もいる始末です。

しかし、何度も言うように、**「ほめ育マネジメント」の目的は、スタッフの長所をお金に換え、今いるスタッフで売上目標を達成することです。**

そのためには、上司は部下のことを、もっと真剣に見てあげることが必要なのです。

部下と真剣に向き合おうとしなければ、部下の長所は見えてきません。

服装や髪型をほめるような上辺だけの「ほめる」をいくらやっても、お金に換えられるような部下の長所は絶対に見えてこないと言っても過言ではないでしょう。

したがって、まずは上司は部下と真剣に向き合うこと。

じつは、前章で紹介した「ほめシート」を実際に書いてみるとわかりますが、たったの3項目なのに、本気で部下のことを見ていなければ、なかなか書けないものなのです。

つまり、「ほめシート」に真剣に取り組むことは、部下の長所を見つけることにつながっているというわけです。

## 2 部下の悪の根源を撲滅せよ！

「ほめシート」を活用することによって部下の成長を促すことができるわけですが、なかにはなかなか成長しない部下もいます。

なぜ成長しないのかというと、その部下の中にある何かが成長を妨げているからです。

私はその何かを「悪の根源」と呼んでいます。

そして、上司は部下の悪の根源を見つけ、それを撲滅してあげる責任があると考えています。


私の知り合いに脳外科のお医者さんがいるのですが、その先生は原因不明で病院をたらい回しにされた患者を断らずに受け入れています。

さらに、その先生は「絶対に治します」と言わないのが常識の医療業界で、「絶対に治します」と言い切り、その患者の悪の根源を探すことに一直線に向かっていくのです。

私は、この先生のような姿勢が、今の時代の上司にも求められていると思っています。

上司も、部下の悪の根源を探すことに一直線に向かっていくべきなのです。


では、その悪の根源とはいったい何なのか？

何が部下の成長や行動を妨げているのか？

それは人によって違いますが、多くの場合は**エゴイズム**です。

エゴイズムとは利己主義のことで、何でも「自分のため」という利己主義的な考え方ではビジネスはうまくいきません。

ビジネスでは「お客様のため」「会社のため」「チームのため」という利他の心でなければ、うまくいかないのです。

とはいえ、「利己主義を利他主義に変えるように自分で何とかしろ！」では、悪の根源を撲滅することはできません。

なぜ利己主義になったのか？　その原因の多くは、育った家庭環境や親の育て方にあるわけですが、その原因を一緒に探ってあげる覚悟が、上司には必要なのです。

また、悪の根源がわかったら、それを一緒に撲滅してあげる必要があります。

多くの場合、長所をほめきり、承認欲求を満たしてあげることで、エゴイズムが前面に出なくなります。

実際、「利己主義を直せ」「利他の心がないと成功できないよ」と何度言っても変わらなかった人が、長所をほめきり、承認してあげることで、利己主義だった部下が利他の心を持つようになったケースもあります。

部下の表面を見ているだけでは、部下の悪の根源までは見えてきません。

部下のもっと深い部分にある本質を見ようとする努力が必要なのです。

そのためにも、頭で考えるのではなく、五感をフル活用して体全体で感じるようにしましょう。

## 3 ほめ育流・適材適所とは?

「ほめ育」をやっていない企業のトップが、「人事は適材適所が大事です」とか「当社は適材適所を第一に考えています」と話しているのを耳にすることがあります。

その度に思うのは、「本当に適材適所の意味がわかっていますか?」ということです。

もちろん、適材適所は大切ですので、適材適所を否定するつもりはありません。

しかし、**本当に適材適所がわかっているなら、「適材適所」という言葉を軽々しく口にすることはできないと思うのです。**

一般的な適材適所は、リーダーがメンバーの現在の能力や実力、性格、向き不向きなどを考えながら決めています。

もしかしたら、あなたもこんな感じで決めているのではないでしょうか？

しかし、このような決め方は、私は「浅い」適材適所だと思っています。

なぜなら、人は日々成長しているからです。特に、若い人たちの成長はものすごいものがあります。

極端な話、1日で別人のように成長していることもあるくらいなのです。

つまり、**今日の適材適所が、明日には適材適所になっていない可能性が高いわけです。**

明日は極端だとしても、メンバーの成長を考えれば、1週間後、1カ月後、半年後には、確実に適材適所とは言えなくなっているのです。

したがって、**本当にメンバーの成長に合わせた適材適所を行おうと思ったら、現在の能力や実力を基準に判断していてはいけないということです。**

では、どうすればメンバーの成長に合わせた適材適所ができるのか？

それには、まず会社やチームのビジョンが明確になっている必要があります。

たとえば、半年後、自分たちのチームはどうなっていたいのか？

このビジョンが明確にあって、そのビジョンを達成するために、「このメンバーには半年後、これくらいのことをやってほしい」という期待や、「このメンバーは半年後、これくらいはできるようになっているだろう」という可能性を考えて、適材適所を行っていくというやり方です。

これは「挑戦の適材適所」もしくは「可能性の適材適所」と呼んでもいいと思いますが、いずれにしても先を見据えた適材適所が、ほめ育流の適材適所というわけです。

ちなみに、障がい者や生活保護受給者の雇用で有名な株式会社アイエスエフネットでは、先に仕事があって、それができる人を雇用するのではなく、雇用してからスタッフの長所を見つけて、それを商品・サービスに換えていくというやり方を行っています。

これこそがまさに「適材適所」であり、スタッフの長所をお金に換えるという究極のスタイルだと言えるでしょう。

## 4 スタッフ自身が自分の適材適所を一番よく知っている?

適材適所はリーダーが決めるものという考え方が一般的ですが、じつは私は自分の適材適所はスタッフ自身が一番よく知っているのではないかと思っています。

なぜなら、**「自分はこれがやりたい」という意思が一番大事だと思っているからです。**

「好きこそものの上手なれ」という言葉もあるように、自分の好きなこと、やりたいことをやっているときが、誰でも一番やる気が出ますし、集中力も長続きするものです。成長の度合いも、やりたいことをしているときのほうが早いといえるでしょう。

ただし、なかには自分が何をやりたいのかがわかっていない人がいることも事実です。しかし、そういう人に対しては、**上司がやりたいことを見つけるサポートをしてあげる必要がある**のではないでしょうか。

世の中、自分の力だけで芽を出せる人ばかりではありません。

水をあげたり、肥料をやったりしなければ、芽を出すことができない人もいるのです。そして、水や肥料に当たるのが、ほめることだったり、役割やポストを与えてみることだったりするのではないかと、私は考えています。

それが上司の仕事なのです。

昔の人は、「これがやりたい！」とか「私にやらせてください！」と、積極的に上司にアピールしたものですが、最近の若者は極端に失敗を恐れているため、このようなアピールをしてくる人は皆無に近いといえます。

だからといって、そのまま放っておいては、いつまでたっても芽が出てきませんので、ときには上司のほうから部下に対して「やりたいことがあれば、どんどんアピールしてきてくれ。俺もキミのことをきちんと見るようにするから」といった声掛けをしていく必要があるでしょう。

先ほど紹介した「ほめシート」は、上司から部下に渡すものでしたが、部下から上司にアピールする仕組みを作るという意味では、次の210・211ページにあるような「アピールシート」を導入して、部下の「やりたいこと」を部下自身に考えさせることをやってみるのもいいかもしれません。

## 5 部下の真の価値を知るための5つの質問とは？

部下自身が自分のやりたいことがわかっていない場合や、上司も部下の長所をなかなか

## ■アピールシート その1

### 会社に貢献できること、貢献したいこと

部署名

名前

**1**、会社発展のために、貢献できることを書いてください。

**2**、会社発展のために、貢献したいことを書いてください。

**3**、会社発展、スタッフの幸せのためのアイデアがあればお書きください。

**4**、3の実現のために、あなたは何ができますか?

## ■アピールシート その2

### 会社にアピールしたいこと

部署名＿＿＿＿＿＿＿＿＿＿

名前＿＿＿＿＿＿＿＿＿＿

1、あなたの「やりたい仕事」は何ですか？　その理由も書いてください。

2、あなたが「近い将来（半年〜1年後）やってみたい仕事」は何ですか？
その理由も書いてください。

3、あなたが「いつかやってみたい仕事」は何ですか？
その理由も書いてください。

見つけられないでいる場合に効果的な5つの質問があります。

それは次の5つで、この5つの質問を部下にしてみることで、部下のやりたいことや真の価値が見えてくることがあります。

**①あなたの「ミッション」は何ですか？**
**②あなたの「意思」は何ですか？**
**③あなたの「夢」は何ですか？**
**④あなたの「志」は何ですか？**
**⑤あなたの「強い動機」は何ですか？　誰ですか？**

①の「ミッション」とは、天命や使命、役割といったことで、神から与えられたものというイメージです。
若いうちから自分のミッションに気づいている人はなかなかいませんが、この質問をすることで「自分のミッションは何なのか？」ということを部下に意識させるだけでも意味があると思います。

②の「意思」とは、「自分は何がしたいのか？」「自分はどこに行きたいのか？」ということです。

お金も時間も能力も全部あって、何でも自分の思い通りにできるとしたら、自分は何がしたいのかということです。

③の「夢」とは、「いつかやってみたいこと」です。子供のころからずっと思い描いている夢でもいいですし、大人になってから新たにできた夢でもOKです。

④の「志」とは、「世のため人のため」といった社会貢献的な要素を意識したものです。また、自分一代では成し遂げられないかもしれない「大志」と言ってもいいでしょう。

⑤の「強い動機」とは、どうしてもそれを成し遂げたいというような強い動機のことです。使命感と言い換えてもいいでしょう。

ちなみに、私の「ミッション」「意思」「夢」「志」は、「世界中の人たちを輝かせること」です。

このように最終的には1つに集約されていくのですが、最初のうちは一つひとつ別々に考えていくことをおすすめしています。

なお、5つ目の「強い動機」については、私の場合、先祖の影響と時代の要請と自分の経験の3つです。

まず先祖の影響というのは、私の先祖が日本で初めて孤児院を作った人と大変近しい存在で、ほかにも学校や病院、美術館など社会貢献をたくさんしてきた人の血が、私の中にも流れているということです。

次の時代の要請というのは、将来に希望が持てた高度経済成長時代とは異なり、今は将来に希望が持てない時代となった中で、ゆとり世代や、さとり世代の若者たちがイキイキとやりがいを持って働けるようにするには、絶対に「ほめ育」が必要だと本気で思っているからです。

■部下の真の価値を知るための5つの質問

① あなたの「ミッション」は何ですか？

② あなたの「意思」は何ですか？

③ あなたの「夢」は何ですか？

④ あなたの「志」は何ですか？

⑤ あなたの「強い動機」は何ですか？　誰ですか？

また、これからの日本企業は、少子化と国際化の影響によって、部下に外国人がいることが当たり前の時代に直面します。そうなったときに、きちんとしたマネジメントをするためには、「ほめ育」が必要不可欠だと考えているからです。

最後の自分の経験というのは、私自身がラーメン屋の皿洗いから店長まで、現場を10年経験しているということです。現場を知らないコンサルタントが多い中で、現場を知っているのは私くらいのものです。

だから、**現場のスタッフの気持ちと経営者の気持ちの両方がわかるコンサルタントとして、私が「ほめ育」を広めていかなければいけないと思ったのです。**

また、3年間で15回アメリカに行き、実際にアメリカ企業を見てきた経験から、日本企業のマネジメントはまだまだ遅れていることを痛感したことも、自分が「ほめ育」を広めなければいけないと強く思うようになった理由の一つです。

これらが私を突き動かしている「強い動機」であり、「私にしかできないこと！」「自分がやらなきゃ誰がやる！」という気持ちでがんばっているのです。

なお、この5つの質問は部下のやりたいことや真の価値を発見するためのものですが、上司自身も一度自問自答してみてほしいと思っています。

この5つの質問に答えられる上司は魅力的であり、そんな上司に部下はほめられたいと思っていますので、ぜひ考えてみてください。

## 6 部下の「やりたいこと」をお金に換えろ！

「ほめ育マネジメント」の目的は、部下の長所をお金に換えることです。

その長所が、部下の「やりたいこと」と一致しているのが理想ですが、「やりたいこと」がそのままお金に換わるかというと、実際にはそうはいかないこともあります。

特に、部下のやりたいことが新たな事業やプロジェクトになるような場合には、マーケットのことを考える必要があります。

**・そこに市場はあるのかどうか？**
**・その市場は拡大しているのか、縮小しているのか？**
**・今から参入して勝てそうかどうか？**

少なくとも、これらのことはよく考えてから判断すべきでしょう。

とはいえ、少しでも可能性があるのなら、ぜひともチャレンジしてほしいと思います。

そうすることが部下の成長を促し、結果として稼げるスタッフが増えることにつながるからです。

また、部下の長所をお金に換える場合も、お金を払ってくれるのはお客様ですので、お客様がお金を払ってくれるレベルまで、部下の長所を伸ばす必要があります。

部下の長所を花にたとえるなら、商品として花屋の店頭に並んでも遜色ないくらいのきれいな花に育て上げる必要があるのです。

ナイフにたとえるなら、切れ味が鋭くなるまで、磨き上げてあげるのが上司の役割と言えるでしょう。

じつは、障がい者雇用で有名なアイエスエフネットの会社見学に行ったとき、私はハンマーで頭を殴られたような衝撃を受けました。

というのは、障がい者雇用の実態が、私がイメージしていたものとはまったく違っていたからです。

私がイメージしていたのは、誰でもできるような仕事があって、採用した障がい者にはその仕事をしてもらっているのだろうというものでした。

しかし、話を聞いてみると、そうではなく、障がい者を採用してから、その人の長所を発見し、それをお金に換えているということだったのです。

この話を聞いて、私は「これが、まさに『ほめ育マネジメント』だ！」と思いました。

リーダーは大変かもしれませんが、稼げないスタッフが多いのは、そういうスタッフを育てられないリーダーの責任です。

誰かのせいにしている限り、会社は良くなっていきません。

リーダーたる者、人にせいにするのではなく、原因はすべて自分にあるという「原因自分論」で考えるべきなのです。

ただそれだけで、会社はどんどん良くなり始めるのですから。

# 第8章

# 人はほめられるために生まれてきた

## 1 現場スタッフはもっとほめられていい

私はこれまで研修などで2万人以上の現場スタッフと接してきましたが、自信を持って言えることがあります。

それは、**がんばっていないスタッフは一人もいない、ということです。**

上司の目から見たら、がんばっていないように見えるスタッフもいるかもしれませんが、彼らは彼らなりにがんばっているのです。

だから私は、現場スタッフはもっとほめられていいと思っています。

一方、**現場スタッフたちも、上司にほめてもらいたいと思っています。**実際、私が質問すると、最近の若者は「ほめてほしい」とストレートに言ってきます。

ラーメン店や洋食屋、カフェなど、様々な業態の飲食店をグローバルに展開するメガフランチャイジーの株式会社サンパークでは、スタッフ募集ページのキャッチコピーを「外食産業で働く人はもっとほめられていい」というものにしたことがあったのですが、このときは以前に比べてすごく反応が良かったと言います。

この事実は、多くの人に「ほめられたい願望」があることを如実に物語っていると言えるでしょう。

ただ、現実には、部下は上司に「ほめてください」とは面と向かって言えないのが実情です。なぜなら、そんなことを言おうものなら、「何を甘えたことを言っているんだ！」と一喝されてしまうからです。

しかし、何度もお伝えしてきたように、「売上アップにつながるほめ方」があるわけですから、それをやらない手はないと思うのですが、いかがでしょうか。

スタッフのがんばりに対して給料やボーナスアップという形で応えることが難しい今、せめて上司は部下をほめてあげてほしいと思います。

そして、長所を見つけて、それを伸ばし、稼げるスタッフへと成長させてあげてほしいのです。

これは私が言っているだけではなく、聖書の中でも言われていることです。新約聖書の『ピリピ人への手紙』の中で、使徒パウロが次のように言っているのです。

**「おのおの自分自身の長所だけでなく、ほかの人たちの長所にも目をとめなさい」**

「ほめ育」を導入した企業の中には、ほめシートを読み上げながら部下に渡すときに、感極まって思わず泣いてしまう上司がたくさんいます。

自分が書いたものを読んでいるだけなのに、自分が言われているわけでもないのに、泣いてしまうというのは、上司にも「部下をほめたい」という気持ちがあることの表れだと、私は理解しています。

おそらく、あなたの中にも「ほめたい」という願望はあるはずだと思いますので、ぜひその気持ちを素直に出していただきたいと思います。

## 2　日本は「人材育成」の油田を創るしかない

少し前の話になりますが、２０２０年のオリンピックの開催地を決めるプレゼンテーションで、滝川クリステルさんがアピールしたのが日本人の「おもてなし」の心でした。

この「おもてなし」という言葉に共感した人も多かったと思いますが、私もすごく共感しました。

なぜなら、日本人の「おもてなし」の心に基づくサービスが、日本が世界に誇れるものだと思っているからです。

日本には石油などの資源がありません。

ですので、石油がたくさん出る中東の国々のように、石油を売って外貨を稼ぐということはできないのです。

しかし、滝川クリステルさんが言うように、日本には「おもてなし」の心があります。

そして、それを実践できる人材を育成する力が、日本人や日本企業にはあるのです。
資源のない日本は、「人材育成」という油田を創るしかないのです。
そして、私は「ほめ育」によって、それは可能だと思っています。

## 3 ダイヤはダイヤでしか磨けないように、人は人でしか磨かれない

地球上で一番硬い物質はダイヤモンドです。
では、その一番硬いダイヤモンドの原石は何で磨くのか、ご存知でしょうか？
答えは、ダイヤモンドです。
つまり、ダイヤモンドはダイヤモンドでしか磨けないのです。

じつは、人も同じで、人は人でしか磨けません。
人を磨く方法はいろいろあるでしょうが、私はこれまでお話ししてきた「ほめ育」が一番効果的な磨き方だと思っています。

本気でほめきり、本気で叱りきる――。

長所を見つけて、それを伸ばしてあげる――。

これによって人は磨かれていくのです。


人は誰でもダイヤの原石のように、磨けば光るものを持っています。

光るものがない人など、この世にはいないと、私は思っています。だから、もし光っていない人がいるとしたら、それは磨き方が悪いのです。


上司の役割は、光るものを発見し、磨いてお金に換えていくことです。

繁盛店や繁盛企業は、そのような「稼げるスタッフ」をたくさん増やすことで、繁盛スパイラルに入っているのです。


スタッフの短所を指摘し、それを改善させることで業績が上がったのは、バブルが崩壊する前の昭和の時代の話です。

今は、スタッフ一人ひとりの長所を伸ばし、それをお金に換えていかなければ、生き残っていくことができないと言っても過言ではないのです。

## 4 「ほめ育」を経営理念に入れませんか？

前述したように、スタッフは上司にほめられたいと思っています。上司にほめられたくて仕事をしていると言ってもいいでしょう。

それに対して、経営者やリーダーたちはスタッフをほめることを、これまでほとんどしてきませんでした。

これはスタッフの思いと経営者の行動がミスマッチを起こしている状態と言えます。

ところが、ここに来て、経営理念に「ほめ育」を入れようとする経営者が出てきました。

経営理念というのは、会社の個々の活動方針のもとになる基本的な考え方のことですから、そこに「ほめ育」を入れるということは、本気でスタッフをほめて育てようという気持ちの表れと言えます。

事業計画書の中に「ほめ育」を盛り込み、全社的に「ほめ育」を推進していこうとしている企業もあります。

このような経営者が出てきたと聞いて、あなたはどう思いますか？

私は決して大げさなことでも、的外れなことでもないと思っています。なぜなら、これは時代の流れに沿ったものだからです。

この経営者は、目の前に迫っている労働人口の減少という事態を察知し、危機感を抱いていると言えるでしょう。

「ほめ育」を経営理念に入れるかどうかは別にしても、これからの時代、今いるスタッフだけで売上を上げていくには、「ほめ育」は絶対に必要不可欠です。

ほかに有効な手段があるならそれでもかまいませんが、もしも有効な手段が見つかっていないとしたら、「ほめ育」の導入を検討してみることをおすすめします。

## 5 「ほめ育」を世界中に広げたい！

私のミッションは「世界中の人たちを輝かせること」だということは、前にも述べたとおりです。

そして、そのための手段として、私は「ほめ育」を世界中に広めていきたいと考えています。

すでにアメリカや中国、東南アジアの企業の中には、「ほめ育」を導入する企業があり、現地人のスタッフたちにも「ほめ育」が通用することを証明してくれています。

なぜ、「ほめ育」が言葉や考え方や文化の違う世界中の国々で通用するのか？

それは、**ほめる対象が「人」ではなく「行動」、すなわちお客様に喜ばれる行動や売上アップにつながる行動で、その行動は万国共通だからです。**

実際、「ほめ育」を導入した世界150社の多くは、スタッフの行動が変わり、売上アップを実現しています。

シンガポールに進出しているラーメン屋では、それまで皿洗いの仕事を嫌がっていた現地人のスタッフが、「ほめ育」を導入するようになってからは、嫌がらずに自ら積極的に皿洗いをするようになったそうです。

この変化には、店長も驚いていました。

このように外国人にも通用する「ほめ育」を、私はこれからも積極的に世界中に広げていくことによって、世界中の人たちを輝かせていきたいと考えています。

# おわりに

まずは最後までお読みいただき、ありがとうございました。

「ほめ育」について、ご理解いただけましたでしょうか？

少しでも「ほめ育」に関心を持っていただけたなら、これを機に「ほめ育」の導入を検討してみてください。

「ほめ育」導入のステップと必要なツールは本書の中ですべて紹介しましたので、これらを使えば御社も導入していただけます。

第6章で紹介した「ほめシート」を使うだけでも、かなりの効果を実感することができるでしょう。

実際に「ほめ育」を導入した企業の中には、売上が対前年比で20％アップした企業や、離職率が半年で8％も下がった企業など、売上アップ、離職率低下の事例が続出しています。

本気で取り組めば、これくらいの成果は出るのです。

ですので、売上アップや離職率の低下をなにがなんでも実現しなければいけない状況にありながら、有効な手段が見つかっていないとしたら、ぜひ「ほめ育」を導入してみてください。

そして、「やるからには、一番の成功事例になってやる!」というくらいの強い気持ちで取り組んでほしいと思います。

さらに、「こんな成果が出ましたよ!」という自慢の手紙をもらえると、著者としてこれに勝る喜びはありません。

＊

最後になりましたが、今回この本を私の尊敬する松下幸之助翁が設立されたＰＨＰ研究所から出版できたことは、私にとっては非常に感慨深いものがあります。

私の祖父が生前、松下幸之助翁と親交があったことから、祖父も喜んでくれているのではないかと思います。

今回、出版の機会を与えてくださいましたPHP研究所の金田幸康さまには、この場をお借りして心からお礼申し上げます。

また、「ほめ育」の成功事例を快く提供してくださったクライアント企業の皆さま、いつも私と一緒に「ほめ育」の普及に努めてくれているスタッフのみんなに、心から感謝したいと思います。

本当にありがとうございました！

最後に、本書を読んでくださったあなたの会社やお店の繁盛を心から願いながら、ペンを置きたいと思います。

2015年11月

原　邦雄

# 読者への
# 無料プレゼントのお知らせ

本書をご購入くださった読者の皆さまに、著者から「ほめ育」の実践に役立つ！**「ほめ育ツール」**のプレゼントがございます。

……………………「ほめ育ツール」内容……………………

プレゼント 1

今すぐ使える！「ほめ育3大ツール」

**⇒ほめシート、ロジックツリー、行動目標チェックリスト**

プレゼント 2

ほめ育の評価基準が一目でわかる！

**「コンピテンシー表」**

プレゼント 3

**原邦雄の「ほめ育マネジメント」セミナー動画**

プレゼント応募方法

ご希望の方は件名に【PHP 特典】と書いて、

**semi2@spiral-up.jp** までメールをお送りください。

後日、プレゼント①②③をメールでお届けします。

〈著者略歴〉
**原　邦雄**（はら・くにお）

「ほめ育」コンサルタント／株式会社スパイラルアップ代表取締役／一般財団法人 ほめ育財団（本社／東京、支部／大阪・アメリカ・ノルウェー）代表理事。1973年、兵庫県芦屋市生まれ。兵庫県立芦屋高等学校卒業。大阪工業大学卒業。船井総合研究所コンサルタントからラーメン店の洗い場に転職し、現場から積み上げた“ほめ育”ノウハウで、多くの業種にコンサルティングを行っている。「世界中の人たちを輝かせる！」をミッションに、日本・アメリカ・ノルウェー・中国・シンガポールなどに「ほめる人材育成」を広める活動をしている。誰でも気軽に受講できる講座から、企業の業績アップのための研修まで、のべ３万人が受講。
196ヵ国に広げるビジョンを掲げ、爆発的に広めている。ハーバード大学やリッツカールトンホテルでのセミナーをはじめ、年間200回以上の講演を行う。ほめ育マネジメントの第一人者として、150社の企業の業績を次々に上げる独特の人材育成のノウハウは、日本だけでなく、アメリカ、中国、東南アジアの企業からもオファーが止まらない。テレビ朝日『報道ステーション』、NHKにも出演。
著書に、『売上が上がるほめる基準』（商業界）、英語・中国語にも訳された『やる気と笑顔の繁盛店の「ほめシート」』（ディスカヴァー・トゥエンティワン）がある。

装丁：萩原弦一郎、藤塚尚子（デジカル）
図版作成：齋藤　稔（株式会社ジーラム）

**今すぐできる！　今すぐ変わる！**
**「ほめ育」マネジメント**

2016年1月5日　第1版第1刷発行
2023年10月19日　第1版第4刷発行

著　者　原　邦雄
発行者　永田貴之
発行所　株式会社ＰＨＰ研究所
東京本部　〒135-8137　江東区豊洲5-6-52
ビジネス・教養出版部　☎03-3520-9619（編集）
普及部　☎03-3520-9630（販売）
京都本部　〒601-8411　京都市南区西九条北ノ内町11
PHP INTERFACE　https://www.php.co.jp/
組　版　朝日メディアインターナショナル株式会社
印刷所　株式会社精興社
製本所　株式会社大進堂

© Kunio Hara 2016 Printed in Japan
ISBN978-4-569-82685-1
※本書の無断複製（コピー・スキャン・デジタル化等）は著作権法で認められた場合を除き、禁じられています。また、本書を代行業者等に依頼してスキャンやデジタル化することは、いかなる場合でも認められておりません。
※落丁・乱丁本の場合は弊社制作管理部（☎03-3520-9626）へご連絡下さい。送料弊社負担にてお取り替えいたします。

PHPの本

ある日突然40億円の借金を背負う――それでも人生はなんとかなる。

湯澤　剛　著

突然の父の死。息子の私に遺されたのは40億円の負債だった。「完済に80年かかる」と言われた日から、負債がなくなるまでの奮闘記。

定価　本体一、五〇〇円（税別）

PHPの本

# リーダーになる人に知っておいてほしいこと

松下幸之助 著

松下幸之助が、次代のリーダーを養成すべく設立した松下政経塾で行なった講話を、未公開テープ約100時間から厳選して抜粋、編集。幸之助が語った〝リーダーの心得〟とは。

定価 本体九五二円（税別）

PHPの本

道をひらく

松下幸之助 著

運命を切りひらくために。日々を新鮮な心で迎えるために――。人生への深い洞察をもとに綴った短編随筆集。40年以上にわたって読み継がれる、発行500万部超のロングセラー。

定価 本体八七〇円（税別）